すぐ動くのはやめなさい

佐々木常夫

青春出版社

はじめに

「佐々木。お前の最大の欠点は、自分の頭で考えることだ」

仕えていた会長の一言が、今も忘れられません。


40年間、私は東レという会社でサラリーマンとして生きてきました。

企画や管理を主な仕事としながら、39歳で課長になりました。

49歳で部長に、57歳で事務系同期のトップで取締役になりました。ふつうにいけば専務か副社長になると周囲も思っていたはずです。

ところが、ある日、長年仕え、尊敬もしていた会長に呼び出されて冒頭のように指摘され、わずか1期（2年）で取締役を解任され、関連会社に出されたのです。

理由は明白でした。

課長になった頃から、私は会社のため、成果を確実に上げるため、上の方針にも躊躇せずにどんどん反論していました。「そのやり方はおかしいのでは？」「あの事業はこうするべきだ」。そんな仕事ぶりが、取締役になってからも変わらず、会長に対しても「お言葉ですが、再考いただけませんか」と幾度も苦言を呈したことがありました。

動機は二つ。

一つは、「自分の手でもっと会社を良くしたい」「もっと大きな仕事がしてみたい」と強く願っていたことです。

もう一つは、私が家庭に事情を抱えていたことでした。

長男が自閉症という障がいを持って生まれ、日々、学校や地域でトラブルに巻き込まれがちでした。自責の念から、妻はうつ病と肝硬変を患って入退院を繰り返すようになっていました。3人の子供の世話と妻の看護のため、毎日6時に帰らざるをえない状況になっていたのです。

いつしか、仕事に対する自分なりの考え方が醸成されました。

「誰よりも効率的に仕事をし、誰よりも大きな成果を出そう」

「最速で最大の成果を出さなければ！」

しかし、動機がなんであれ、私の仕事のスタイルは、トップダウンを好んだ当時の会長には目障りでしかありませんでした。

「A（副社長）もB（専務）もみんな、俺の言う通りやってるだろう。お前だけが、自分で考える」

「考えるのは俺の仕事だ。お前ごときが、俺に意見するな！」

強い思いから生まれた私の言動が、この人にとっては仇《あだ》となったのでしょう。私は信念を持って「考えて」仕事をしてきたから、そのことに関しては、一切後悔していないのですが。

仕事の半分はムダである

すぐ動かず、考えてから動く――。

それは常に、職業人としての私の〝真ん中〟にあった信念でした。

会社の仕事は、他のことでは味わえない達成感をもたらし、人間的な成長をもさせてくれる素晴らしい機会となります。しかし同時に、極めて「理不尽でムダな作業」を大量に含んでいることを実感していたからです。

例えば、営業パーソンはよく「客先に顔を出して御用聞きをしてこい」と言われ、「近くに来たので」「何かご入用はありませんか?」などと顔を売りにいくことを勧められます。

実にムダで、不要な仕事です。

確かに、膝を突き合わせ話すことで得られることはあります。何度も顔を合わせることで親しみを感じてくれるお客様も中にはいる。しかし、ほとんどの取引先は「いちいち顔を出さなくていいよ。時間とられてかなわん」と感じているのです。電話1本、あるいはメール1通のほうがよほどいい。当然、営業パーソンの時間と労力もうんと少なくすむはずです。

あるいは、企画書や提案書を毎回、イチから作り上げる人がいます。

私はこういう人は、給料泥棒だと考えています。

どんなプレゼンや事業企画も、たいてい他の誰かが似たようなものを以前に手がけているものです。極めて似た内容の企画書や提案書が、すでに会社の書庫やデータベースに必ず眠っているはずです。しかも、先人が考え抜いた末に仕上がった作品です。これをフォーマットとして使う、あるいは一部を流用することで、短時間で優れたドキュメントが仕上がります。

数多くあるこうした仕事のムダを省くためには、すぐ動かずに「考える」ことが不可欠なのです。

上司に言われたから、すぐ走り始める。
命令だから、考えるより先に手を動かす。
まず走り出し、走りながら考える。
考えずに動く人には、「早く手をつければ、それだけ早く終わるはずだ」という発想があるのでしょう。しかし、本当に「スピーディに、大きな成果を出したい」なら「目の前の仕事の何がムダで、どうすれば簡略化できるか、最高の成果を出せる方法は何か」を先に見極める必要があります。すぐ動いていたらこれができないわけです。


仕事に向かい合ったら、まずは一歩、立ち止まって考える。

何が大切で、何が大切ではないかを見極める。

私は、この「考えてから動く」ことを習慣として、実践してきました。

上司の指示に従うとき、会議の議事録を作るとき、プラント事業の立案をするとき、子会社を立て直すとき……。こうした重要な多くの仕事で、考えて、考えて、考え抜いてから仕事にかかる、「最速で最大限の成果」を出すことを追い求めてきました。


昨今、働き方を見直す動きが広まりつつありますが、一方で企業の競争は激しさを増しているため、現実的には仕事が増えている人が多いようです。

こうした背景から、「すぐやる」ことを〝是〟とする風潮が強い。

拙速を良しとする本や、スピード仕事術のようなものも多く見受けられます。

これは一面正しいところもありますが、大きな間違いです。

膨大な仕事を効率化したいならば、最速で最大の効果を出したいと望むならば、すぐ動くのをやめましょう。

この本は、「考えて動く」ことを追求してきた私の知見とノウハウをまとめたものです。とくに現在のような、誰しもが多くの仕事に追われ成果を求められるときにこそ、必要な働き方であり、生き方だと確信しています。

会社に言われるがまま働き、何も考えずに遮二無二働いても成果は上がらないし、仕事は効率化できない。加えて、ムダな仕事で心身を疲弊させては身も蓋もありません。私たちの人生には、仕事の他にも大事なことがたくさんあるのです。

考えて動くことは、あなたの貴重な時間と未来を守ることでもあるのです。

会社人生に、忘れ物をしないために

冒頭の会長の一言に、私は長らく忸怩《じくじ》たる思いを持っていました。

後悔こそしていませんでしたが（いや、やはり後悔していたようです）、東レという会社に「忘れ物」をしたような気がしていたのです。

しかし、後日、その忘れ物を取り戻す機会がありました。

「うまいワインが手に入ったから一緒に飲まないか」

東レを退職して数年が経った頃、私を取締役から外し、子会社へと飛ばした当の会長から声がかかったのです。

指定されたレストランで席につくと、実に他愛のない話が続きました。

「息子さんは元気か？」

「君の講演を聴きに行った人間が、感銘を受けていたよ」

「このワインは60万円もするんだ」

そう一方的に話すばかり。

しかも、なぜか当時の社長と専務を呼び出して隣に座らせ、「今夜、出張なので」と帰りたがる社長に「予定を後ろにずらせ」と命じ、それでいて、社長と専務には発言をさせなかったのです。

「やはり、独特の流儀を持つ方だな」と感じながらも、私は過去を掘り返すこともなく、できるだけ和やかに食事の時間をやり過ごしました。

夜も更けてきたので、「それではそろそろ失礼します」と一礼して退席しました。


そのときです。

挨拶をしてエレベーターへ向かう私の後に、会長がついてきた。

そして、エレベーターが閉まる前に手を挙げながら言ったのです。

「佐々木君、体にだけは気をつけろよ、大事な体なんだから」

初めて聞く、丁寧な言葉でした。

扉が閉まり、「年をとると、人は変わるのだな」などと思っていたところ、同乗してくれていた、会長のことをよく知る女性が耳打ちしました。

「会長が社員をエレベーターまで見送るなんて、めったにないんですよ。ようするに手打ち式でしょうね。謝りたかったんじゃないですか、佐々木さんに」

私を呼び出し、取締役から外したことを謝罪したかった。また、「あの二人は何かあったのか…」と気にしているであろう社長と専務に、「俺と佐々木はこんなに仲がいいんだぞ」と見せておきたかったのかもしれません。

東レに置いてきた忘れ物を取り戻したような気がしました。

「あの時はああ言ったが、お前のやり方を認めるよ」

――会長の「お前の最大の欠点は、自分で考えることだ」という言葉を、額面通り受け取る必要は、やはりなかったのだと再確認できたからです。


忘れ物を取り戻した今の私は、さらに自信を持って、あなたに伝えることができます。

すぐ動くのはやめましょう。

手をつける前に考えて、考えてから仕事をするのです。

本書がその羅針盤になることを祈っています。

佐々木常夫

すぐ動くのはやめなさい◉目次

3章 価値ある情報を見抜き、生かすヒント

4章 時間を味方につける戦略を考える 93

misunderstanding

5章 人に強くなるコミュニケーションの習慣 119

understanding

6章 こういう仕事では「すぐ動く」が必要になる 153

7章 正しい自己愛が人を成長させる　171

misunderstanding

［ブックデザイン］奥定泰之
［写真撮影］蘆田 剛

1章

いきなり走り出しては
いけません

misunderstanding
①

戦略は、より多くの仕事をこなすために不可欠である

思い返せば、私が東レという会社で40年間続けてきたビジネスマン生活というのは、
「この仕事は略せないか」
「どうにか捨てられないか」
と思案することでした。

たとえば、経営企画室にいた頃、社長がある国際会議の冒頭で話す挨拶文を書くように指示されたことがありました。その内容が社長からも非常に好評で、「佐々木は仕事ができる」と3重丸の評価を得たことがありました。

当然です。

いや、自慢するわけではありません。私が書いたその挨拶文は、3年前の同じ会議で、社長が話した内容とほぼ同じものだったからです。

実は、社長から原稿作成の依頼を受けるやいなや、私は過去の議事録を引っ張りだし、一部の単語と日付を変えただけでした。だから1時間で書き終えました。

イチから書いていたら、まるまる3日はこの仕事にかかりきりだったはずです。

「3年前の原稿」は、過去に社長が採用したものです。途中の落第点がついた原稿から研ぎ澄まされていった、当時の一番優れた作品だということです。私が足りない頭でイチからひねりだすより優れているのは、火を見るより明らかです。

つまり、仕事を略すことでスピードアップをはかれただけでなく、自分一人では望めないレベルの成果と評価を、最小限の努力で得られたのです。

いま、ビジネスパーソンに必要なのは「戦略」です。それは、敵に勝つための巧みな〝謀略〟や〝奇策〟を考えるべし、という話ではありません。

私が考える「戦略」とは、文字通り「戦いを略す」ことなのです。

会社の仕事は、たいてい玉石混交です。〝石〟のような雑用が8割といってもいい。

そして上司や部下、取引先から、雑用も重要案件も、つまり玉も石も折り重なって、雪崩《なだ》れ込みます。社内外の競争がシビアになり、一人あたりの仕事量が増えた昨今は、なおのことです。

しかし体力、知力、経験、何より時間と、仕事に使えるあなたの〝資源〟は限られています。瑣末な雑用にまで自分の頭を使ってイチからやっていたら、いくら時間があっても足りません。

無駄な戦いは避けましょう。「もっと速く、最大の成果を上げられる方法はないか」を、まず戦略的に考えるくせをつけましょう。

戦略は、仕事を「半減」させるためにある

essence ①

役割分担を決めるのは、早いほどよい

misunderstanding
②

「餅は餅屋」というように、どんな仕事もその道のプロに任せた方がうまくいくものです。例えば、私は経営企画の仕事をしていた頃、「海外におけるプラント建設」という大きな設備投資案件を手がけていたことがあります。

数十億から100億円のビッグプロジェクト。失敗は許されません。それだけに企画段階から「営業担当」「生産担当」「経理担当」「企画担当」など専門部署の人間が、それぞれの知見と意見を出し合い、十分に計画を詰める必要がありました。そして彼ら専門部署の意見を一つの企画書にまとめあげて、経営幹部の判断を仰いだわけです。

この際、専門部署への分担作業は、急ぎすぎるとうまくいきません。

なぜか？　ゴールを共有せずに専門家が走り始めると、ムダが多くなるからです。

仮に、営業や生産といったそれぞれの担当者に、すぐさま「それぞれの意見を提出してくれ」などと依頼したとしましょう。先述したように、早く餅屋にお願いするのです。

しかし、会社というのは実におもしろいものです。**各部署の代表は、それぞれがプロとしての責務を果たそうとします。するとえてして、細かくやりすぎる。**

結果、部署ごとに文書のトーンはバラバラになる。目指すゴールも見えないから、資料もただただ多くなる。そのくせ、肝心要の資料が抜けたりするのです。

一方で、経営判断をする経営幹部には、細かな資料や大量の情報を読む時間はありません。しかも営業、生産、財務など専門部署の出身者ですから、他部署の細かい説明をされても分からない。だから「シンプルで分かりやすい」ことが何よりも大事になるのです。

結果として、経営幹部らに理解してもらうためには、集まった各部署の資料から無駄なデータを削り、バラバラなトーンをまとめなくてはならなくなる。これは大変な作業です。**「戦いを略す」ために素早く役割分担したのに、増やすことになってしまうわけです。**

だから、私はこうした企画書をまとめるとき、まず1枚の紙にその概要を書きました。具体的にはA3の紙に五つの「B4文書を縮小コピーしたもの」を配置し、それぞれにページをふり、プロジェクトの概要を五つに大別して「目次」として書き込むのです。

例えば、海外プラントの案件なら、1マス目には「環境認識の情報」、2マス目には「プロジェクトの目的と投資効果」、3マス目は「生産関係のデータ」、4マス目は「営業関係のデータ」、５マス目は「設備投資の予算内容」といった具合です。これらがA３一枚に書かれていれば、プロジェクトの概要が誰でも大づかみできます。いわば、このA３の紙は「鳥瞰図」といえます。そしてこの鳥瞰図を広げたうえで、専門部署の各担当者に集まってもらうのです。

すると「この規模なら中国の数字が近いな」「営業サイドで似た案件なかった？」と皆が同じゴールを見すえて議論できる。同じ完成予想図を頭に浮かべ、共有した後、初めて分担とスケジュールに進みます。

こうすると、必要な知見だけが集まってくるようになる。結果、それぞれの仕事に無駄なく最短距離で打ち込める。通常の3倍は速く進みます。

鳥瞰とは、いうまでもなく鳥の目のことです。空高く飛ぶ鳥は、広い地形を見渡せます。道の先にある断崖絶壁や深い川が見える。どこに向かうべきか、どこを避けるべきか、手に取るように分かるわけです。しかし、ただ地を走る猪には、見えていません。断崖や川にぶつかって、はじめて気づき、引き返し、別の道を進み直さなければならないのです。

すぐ動かず、まず高く飛びましょう。仕事を分ける前に、目的を共有するために考える方が先なのです。

役割分担の前に方向性を考えてから共有する

essence ②

仕事を「パクる」のは、プロとして失格だ

misunderstanding
③

「差別化につながるような、自分らしい営業の武器をつくらなければならない」

「成熟した市場では、これまでにない斬新な企画を出す必要がある」

この本を手にしている方は、こうした高い意識を持っているのではないでしょうか。

仕事にオリジナリティを！　イノベーティブな企画を！　と。

しかし私にいわせれば、とくに若手には、こういうものは必要ありません。


私は30代の始め、潰れかかった関連会社を再建させる仕事を任されたことがありました。

東レの繊維企画管理部という場所に戻ったのは、3年後のことでした。

戻って一番最初にした仕事が「書庫の書類整理」だったのです。

作業着に着替えて、朝から晩まで書庫にあるすべての書類に目を通しました。

書類はほとんどが、それまでのさまざまなプロジェクトの企画書や工程管理表など。こ

れが30年分ほどありました。私はこれをすべて読み、まず不要な資料を捨て、必要な資料だけ残しました。そして残した資料は、カテゴリーと重要度別にファイリングし、いつでも取り出せるようにしたのです。書類の量は膨大で、整理するだけで3週間もの時間がかかりました。周囲の人間は、「佐々木は仕事もせずに、毎日、書庫の整理ばかりして、何やってるんだ?」と訝《いぶか》しがっていたようです。

しかし、この書類整理こそが、私の「戦略」の源となりました。

会社の仕事は、そのほとんどが〝同じことの繰り返し〟だからです。

営業でも企画でも、毎年同じような時期に、似たような案件が発生しています。今、眼の前に現れた新しい仕事は、かつて会社の誰かが手がけていたということです。

過去の記録が残された書庫には、新しい仕事の〝答え〟がたっぷり残っているのです。

「生産アイテムを合理化させるにはどうすればいいか?」

「取引先をあらためて分析して来期の経営戦略を練るには?」

こうした多岐にわたるテーマについて、過去30年のうちに諸先輩が残した優れた作品が、しっかりと残っているのです。私は、これをファイリングすることで、過去の優れた作品を、すばやく拝借できるようになった、というわけです。

先述したスピーチ原稿の流用では、過去の優れた原稿を引っ張りだして日付や単語を変えましたが、過去の先輩の企画を流用する場合は、その「フォーマット」や「着眼点」を借用しました。これらをいただいて、最新のデータに入れ替えて、自分のアイデアはそのうえでちょっとだけ加える。先輩の築いた土台の上に小さな工夫を少しのせていきました。先人の知恵という下駄を履いたのだから、出来は良いに決まっています。

仕事の精度、スピード、評価が上がりました。

「プアなイノベーションより優れたイミテーション」

「あなたのしょうもない頭で考えるより、過去の優れた作品を真似なさい」

——私がよく言っている言葉です。

プアなイノベーションのために無駄な時間を使うのはおろかなこと。会社の仕事にイチからやらなければいけないことはほとんどありません。むしろ先輩の優れたイミテーションをし続けたその先に、イノベーションは起こります。まずは、どんどん真似ることです。

プアなイノベーションより優れたイミテーション

essence ③

misunderstanding
④

まず手を動かす。走りながら考える

「考えるより先に手を動かせ」「動きながら考えなさい」――。

〝すぐ動く〟ことを推した仕事術が、最近、目立つようになってきました。

「スタートが早ければ、仕事は早く終わり、成果も上がる」という発想があるのでしょう。

ところが、ここに落とし穴があります。その考え方は「結果」より「プロセス」を重視している証拠だからです。


会社の仕事は、「結果」が全てです。しかるべき成果、売上・利益を上げられなければ、お客様や上司、あるいは株主からは評価されません。当然のことです。

しかし、結果よりプロセスを重視する人は、こんな発想になりがちです。

「何日も残業して、私は誰よりもがんばっている（だからうまくいくはずだ）」

「俺たちは徹夜も辞さず、一所懸命に働いている（だから評価してほしい）」

勘違いも甚だしいといえるでしょう。

会社経営は、売上をあげて利益を出すことがミッションです。いくら苦労しても、どんなに徹夜を繰り返そうとも、売上・利益に貢献しないプロセスは、むしろ害悪でしかありません。むしろそれだけのハードワークをしたのに、成果が出せないとアピールするのは、自ら「私は無能だ」と周囲に宣伝しているようなものです。

手を動かしていると、仕事が進んだような錯覚を覚えて安心できることも、プロセス重視型の仕事術がはびこる理由でしょう。

しかし、長時間のサービス残業をしていることなどは、単なるプロセス。あくまで「結果」を見すえて、行動する必要があるのです。

「努力すれば必ず報われる」
「努力は決して裏切らない」

しばしば使われる言葉ですが、努力の方向を間違ってはいけません。成果を棚上げして、プロセスを努力の対象にしては、意味がありません。

どうも私たち日本人は、こうした間違った努力をする傾向があるようです。

最近、おもしろい本を読みました。元ゴールドマン・サックスのアナリストで、今は小西美術工藝社という日本の伝統工藝を守る会社の社長をつとめているデービッド・アトキンソンさんが書いた『新・観光立国論』という本です。

アトキンソンさんはここで、観光立国を目指す日本は努力の方向を間違っていると説いています。日本の観光産業のリーダーたちは「交通のアクセスがいい」こと、「治安がいい」こと、さらに「おもてなし」の心にあふれていることこそ外国人観光客の訪日動機だと分析し、アピールしていこう、と言っています。だから、東京五輪招致でも、「おもてなし」などとアピールしていたわけです。

しかし、アトキンソンさんは、「海外の人間は、そんなものを求めて日本に来るわけではない」と言います。新幹線が定時に発車するからといって、イギリス人が来日することなどない。「治安がいい」のは前提条件であって、それだけでは決め手にはなりにくい。「おもてなしがすばらしい」も、実際に日本に訪れてから感じるもので、旅行前にライバルに勝つ決定的な要因としては弱いのです。観光客が求めるポイントは、どこであろうと、その国の気候、自然、文化、食事です。

だから、日本が「おもてなし」に力を入れたり、治安のよさをアピールするのは間違っ

た努力であり「ズレている」のです。

こうしたおかしな事態が起きる原因は、日本人が「結果」ではなく、「プロセス」を見るくせがあるからだと指摘します。

そして根本的に間違っているのは、日本政府が「観光客を年間2000万人まで増やす」と言っていることだと指摘します。

政府が観光客を誘致することで得たい大きな「結果」は観光収入。インバウンド消費をうながして、GDPを底上げすることにほかなりません。つまり、求める結果は「人数」ではなくて「金額」であるはずです。「年間2000万人を目指す!」のではなく、「年間何兆円を目指す!」とするべきだというわけです。

こうして間違った目標設定を正すと、打つべき施策も変わってきます。

たとえば、オーストラリア人旅行者は、1回あたり、韓国人旅行者のおよそ3・4倍のお金を日本旅行で使うそうです。本来、観光収入で「結果」を出したいなら、韓国人を3人誘致するよりも、オーストラリア人を1人誘致するほうが合理的です。

それなのに、年間2000万人を超えそうだ! と「プロセス」に目を向けて、本来の「結果」を見ずに満足してしまうのです。

この間違った観光施策は、私たちに多くの示唆を与えてくれます。

会社でも、いまだに部下の「努力」や「プロセス」と「成果」を正しく分けて評価できないことが多くあります。「忙しいことはいいことだ」という古い感覚が、どこかで残っているからでしょう。

あなたは、そのプロセス至上主義に陥らないようにしてください。

常に、今、たずさわっている仕事の「求められる結果」は何なのか。それを見すえたうえで「今自分がやろうとしているプロセスは本当に重要か」を、よく見つめ直してから、動いてください。

あるいは、人を動かすリーダーならば、「あいつはいつも夜遅くまでがんばっているな」「彼はいつも忙しそうに動きまわってエライな」といった評価は即刻やめましょう。

結果を見ずにプロセスだけを評価するのは、無能な上司の証拠です。

仕事は、常に「結果」を見すえてから。その後ではじめて、手を動かすのです。

走りだす前に
出したい「結果」を見すえ
正しいプロセスを踏む

essence ④

会社や上司に言われた通り、仕事に打ち込むべし

misunderstanding
⑤

「仕事を選べ、戦いを略せといっても…上司が『あれをやれ、これをせよ』と厳しくて」すぐ動く前に考える――その意義を頭では理解しても、「どうせムリだ」「私にはできない」と考えてしまう方もいるかもしれません。

確かに、会社や上司が持つ力は、極めて強いものがあります。成果をあげれば称《たた》えられ、自らの成長を実感させてくれる。実に頼もしい存在です。だからこそ、上司や会社に迎合してしまう気持ちも分かります。

しかし、それでもあなたには周りに振り回されず、主体的に仕事に向き合って欲しい。そのままでは、人生そのものが仕事に飲み込まれてしまうからです。

人生に必要なものは、仕事だけではありません。

家族や趣味、地域や友人など、大事にしたいことは誰しも複数あるはずです。しかし無

防備に仕事の渦に巻き込まれていたら、こうした大切なことに費す時間を削らざるをえなくなる。たいして重要でもない仕事に時間をとられ、大事なものを失うのは悲劇です。

全世界で3000万部を販売しているスティーブン・R・コヴィー博士の『7つの習慣』という本をご存知でしょうか？　真の成功や幸福を手に入れるために必要な、原理原則を7つに絞って示された、自己啓発書の決定版といえるものです。

コヴィー博士が提示する成功のための原理原則とは、「主体的である」「終わりを思い描くことから始める」「最優先事項を優先する」「Ｗｉｎ－Ｗｉｎを考える」「まず理解に徹し、そして理解される」「シナジーを創り出す」「刃を研ぐ」の7つです。

この中でも、最も大切な原則として、第1の習慣「主体的である」をあげ、これを他の6つの習慣の土台となる〝筋肉〟のような存在だ、と示しています。

私もまったく同じ意見です。

そもそも人生は、ままならないことの連続です。「もっと金持ちの家に生まれたかった」「もっと顔が良ければよかった」と若い頃、思った方は多いはずです。同じように、会社で「あんな上司でなければ…」と、自分では選べない環境や状況に、今も苦しんでいる人もいるでしょう。

確かに、上司は選べません。しかし、その上司との関係性は、自分次第で多少なりとも変えることができます。

私は、かつて相性の悪い上司と出会ったとき、徹底的に「上司の好み」をリサーチすることで関係を改善させた経験があります。この上司はしばしば私の仕事のやり方を批判してくるので、

「私の仕事の仕方にどんな不満があるのか」

「何を不安に感じているのか」

を、ことあるごとにリサーチし、その意に即した対応を意識するようにしたのです。

すると次第に、上司は私に対する風当たりを変えてきた。ついには、彼は私を誰よりも信頼する部下と認め、私自身もすこぶる働きやすくなりました。

人は他人を変えられません。しかし自分を変えることならできるのです。自分ではない誰かを、あなたの人生の主人公にするのはやめましょう。自分にとって大切なものを見極め、主体的に仕事をコントロールする強い意志を持ってください。

自分の人生の主人公は、必ず、あなたでいてください。

会社や上司に〝人生のハンドル〟を預けない

essence ⑤

2章

考えてから動く。スピードと成果が変わる

misunderstanding
⑥

先人の手法をなぞれば、正しくムダなく仕事ができる

真に戦略的な働きかたとは、ムダな仕事を捨てることである――。

その考えに基づけば、「長く続く伝統的な仕事のやり方」を踏襲することは、ムダを省く〝戦略〟になりそうです。

しかし、無批判に先人のやり方を踏襲するのは、考えずにすぐ動く人がやることです。

仕事のムダを略すつもりが、むしろムダの上にムダを積み上げ、本当にやらなくてはいけない仕事の時間と労力を奪うことがあります。

あれは、私が初めて営業に異動したときのことでした。

私は「漁網」と「テグス」(釣り糸)――を売る部門の営業課長となったのです。

当時(1980年代後半)、東レの漁網のシェアは50%を超えていました。それに比べてテグスは20%程度でしかありませんでした。

この二つを並べたとき、これまでの課長たちは皆、着任するや儲かっている漁網に力を入れて、人もコストも割いていました。漁網は課の売上に最も貢献する柱の事業。当然のように前課長から引き継いだやり方を踏襲してきたわけです。

しかし、私は漁網ではなく、テグス事業の立て直しこそ、自分の成し遂げねばならないミッションだと確信し、大胆な改革に着手したのです。

なぜなら、漁網は黙っていても売れる商品でした。言い方を変えれば、これ以上、売上を伸ばしたくとも、のびしろがあまりない。しかし、テグス事業には不合理なところがありました。「サプライチェーン（流通経路）」です。

当時、テグスは、東レ→販社→問屋→小売店という昔ながらの流通経路をたどっていました。しかし、この頃には、かつてのような海沿いにある小さな釣具店ではなく、大型の釣具量販店が台頭し、6社で全国シェアの65％をとるほどになっていました。釣具業界全体に大変革が起きていたのです。

「私の在任期間はおよそ2年。その間に、昔から続くサプライチェーンのムダを解消し、東レから大手量販店に直接売るルートを作りあげる！」

これを私の営業課長としてのミッションと捉えて、改革を断行しました。

それまで4社あった販社を「東レフィッシング」という新会社に統合し、東レが大株主となって一体運営すると同時に、大手量販店とも話をつけて、ダイレクトに出荷する体制を2年間でつくりあげました。もっとも、

「バカなことをするんじゃない」

「40年間この体制だった流通経路を今さら変えられない」

――変革当初は、周囲からさんざん言われました。

「売れていないテグスより、売れている漁網に時間とコストと人員をかけたほうがいい」

という意識がはびこっていたからです。

そこで、私はテグスの変革のみならず、漁網部門も変革しました。

「出張」を原則として禁止にしたのです。

漁網のメーカーというのは、熊本や函館といった地方の海岸沿いにありました。その課の営業パーソンたちは、「ユーザー訪問」と称して、毎月1回、そうしたメーカーへ、2泊3日ほどかけて、全国行脚のようにして手分けして出張訪問していたのです。

では、そこでどんな話をしているのか？　過去の出張レポートを調べると、1カ所につき1時間、長くても2時間程度しか訪問していないことがわかりました。メーカーの所在

地は、駅からも遠い海岸沿い。移動時間だけで半日つぶれるような場所が多く、それほど時間がとれなかったのです。さらに、よくよく調べれば、話す内容は「最近どうですか？」「追加発注ございますか？」といった程度のことでした。しかも、受注はだいたい一定で、変わらないのです。いくら儲かっている事業とはいえ、これほどのムダはありません。だから、私は、彼らの「月1回のムダな出張」を禁じたというわけです。

その代わりに徹底させたことがあります。

「毎週月曜、朝8時半の電話」です。

漁網の営業パーソンたちに、月1回の出張の代わりに「毎週同じ曜日の同じ時間に、取引先の漁網メーカーのキーパーソンに電話しなさい」と命じました。

月曜日の朝8時30分。始業直前で相手が捕まりやすいその時間に、毎週こちらから電話をします。「最近どうですか？」「追加の発注ございますか？」と、出張と同じ内容で結構。直接顔を合わせるのと比べて味気ないかといえば、これが全く違う結果を生みました。

毎週、毎週決まった時間に電話がかかってくるものだから、取引先は「そろそろ東レのあいつから電話があるな」「それならあれを追加注文しよう」とむしろ毎週、準備して、待ってくれるようになってきた。「月1回の、忘れた頃にやってくる出張」よりも、週1

回、ほんの10分か15分程度で終わる電話のほうが、ずっとお客様とのリレーションがとれるようになった。コストをかけずに、前よりも注文がとれるようになってきたのです。

結果として、その後、私は漁網に携わる営業パーソンを3割減らしました。浮いたコストは、力を入れるべきテグスの変革に使ったほうがいいというわけです。

それでも、このときに、上司の部長にとても驚かれたことを覚えています。

「普通は『人員を増やしてくれ』と訴えてくるものだが、お前は減らしたいのか？」と。

「普通」という言葉に隠された、固定観念にとらわれてはいけません。

「そういうものだから」という先例を、何も考えず鵜呑みにするのは愚かなことです。

会社から期待され、自分が成し遂げなくてはならないことは何か？

自分でそれを見つけたうえで、「そのためにはどんなやり方がベストか」「ムダはないか」と考えてから、一気呵成に動くのです。

コレステロールと同じで、伝統や先例にも「善玉」と「悪玉」があります。それを理解して、批判的にものを見て、なぞるべき先例か否かを見極めましょう。

伝統や慣習に潜む「悪玉」を見極める

essence ⑥

misunderstanding
⑦

仕事はスタートからゴールに向かって進める

「本を読むときは、はじめから終わりへと読む。ビジネスの経営はそれとは逆だ。終わりからはじめて、そこへ到達するために出来る限りのことをする」

これは、アメリカを代表する実業家のハロルド・ジェニーンさんが、自身の経営哲学を論じたベストセラー『プロフェッショナルマネジャー』の中で説いた一節です。けだし名言だと思います。

先述した漁網メーカーへの出張を廃した戦略も、私が営業課長に就任した直後、テグス事業の立て直しのため、サプライチェーンのムダを解消し、東レから大手量販店に直接売るルートを作りあげる！」と先にゴールを見据えたからこそ導き出されたものでした。

ゴールが見えていなければ、やはり私もこれまでの部長たちが選んだ「前年と同じやり方」を繰り返し、サプライチェーンの変革もできなかったでしょう。

考えてみれば、当たり前のことです。

美容師は、お客様をどんな髪型にするかゴールを決めてから、カットを始めます。

大工さんは、完成図という明確なゴールを見つめながら、作業にとりかかります。

ところが会社にはゴールを見すえず、言われたまま仕事に手をつける人間が実に多い。

それでは出せる成果は知れています。目的地が定まっているからこそ、人は持てる力を発揮できるのです。ゴールが見えないまま走るのは愚か者といえるでしょう。「忙しい日々の中で必死にもがいていたつもりが、どこにも辿りつけなかった」などという悲劇を、あなたは味わってはいけません。

もっとも、仕事のゴールをただ思い浮かべるだけではまだ足りません。「思う」ことと「行動する」ことには大きな隔たりがあります。思い浮かべたゴールに向かっていく推進力がいるのです。

私の場合、毎年お正月に書く「年頭所感」というものを、ゴールへの推進力にしてきました。1年間の一番暇な時期である年末年始、A4の紙1枚を用意し、そこに「自分はこの1年でこんな考え方のもとに、このような仕事を成し遂げる」と決意表明を書くのです。

実際に書くと分かりますが、A4の紙1枚に簡潔に収めようとすると意外と難しく、時間がかかるものです。「今年はこれだ！」と書き始めても、途中で「少し違うかも…」と幾度となく筆がとまる。

そこが肝心です。1年に1度くらいは自分と向かい合い、内省すると普段自分が何を大切にしているかに気づける。モチベーションが高まる、よい機会となるからです。

また、私はこの「年頭所感」を、1月4日の初出社のときに、上司と部下全員にメールで発信しました。一緒に仕事をする仲間ですから、私の考え方を理解し、共有してもらいたいと思ったのが理由の一つ。もう一つは、自分の考え方を人に伝えることで、言葉に責任を持たせるためです。宣言した手前、「必ず実行せねば」という気持ちが強まります。

さらにこれを毎年続けるとどうなるか。去年は何を考えていたか、3年前はどんな決意をしたか、5年前は…と振り返ることで成長の軌跡がよく分かる。普段は意識できない自らの成長を自覚できると同時に、「今年はさらに上に行こう」と意欲も高まるわけです。

ゴールを見すえていたつもりでも、人生には様々なことが起こります。不本意な異動や家族の病気もありうる。まっすぐには走れなくなることもあるでしょう。しかしゴールさえ見えていれば、進むべき道にまた戻れる。仕事と人生の軌道修正ができるのです。

仕事は終わりから始める。
ゴールをイメージしてから動く

essence ⑦

misunderstanding ⑧

やるべき仕事をリストアップして計画的にやる

1年の間に、何を成し遂げるか――。「年頭所感」のようなものでゴールを設定したら、これを日々の業務にまでブレークダウンしていかなければなりません。

たとえば「新規事業を立ち上げる!」と決めたなら、そのゴールを実現するために、今月は何をすべきか。今週はどこまでやるか。今日は? といった具合。

目標を「計画」に落としこむわけです。

このとき注意したいのは、計画を立てるときに、多くの人が「やるべき仕事」にフォーカスしがちなことです。

パレートの法則をご存知でしょうか? 「国家の富の8割は上位2割の人に帰属する」といった「8割・2割の法則」のことですが、私はこれが仕事にも当てはまると考えています。

会社の仕事も、だいたい2割は「やらなくてもいい仕事」です。先にも述べましたが、会社の仕事には大して重要でもない雑用や、悪しき伝統ともいえるムダな作業がはびこっているからです。一方で、「本当にやるべき重要な仕事」もまた2割しかないのです。

問題は、人は「やるべき仕事」を選ぼうとすると、あれもこれも「やるべきだ」「重要だ」と考えがちなことです。

その傾向は、とくにキャリアの短い若手社員にこそあります。経験が浅ければ仕事の全体像をつかむのは難しいものです。目の前にある仕事は、何もかもがやるべき、大切な仕事に見えるのは仕方ありません。

だからこそ上司が指導し、「捨てる仕事」を決めるよう教えるのです。

最初に「少なくとも2割は捨てる」と決めてから計画する、いわば戦略的計画立案です。

1984年。はじめて課長になった私が、最初にした仕事が戦略的計画立案でした。課の「捨てる仕事」を洗い出すことです。

具体的には、毎週全員が提出する「業務報告書」を利用しました。私の課では1週間で自分が何をしたかを書き、課長に提出する決まりがありました。その業務週報を過去1年分広げ、「誰がどのような仕事にどれくらいの時間をかけたか」を調べたのです。

実に興味深い結果が見えてきました。

たいして重要とは思えない仕事を、3カ月も続けている人もいれば、極めて重要な業務を3週間だけ続けて完成しないままにしている人もいるなど、バラバラだったのです。

そこで、私はそれぞれの業務について本来はどの程度で終わらせるべきなのか、そしてその仕事の重要度を5段階のランキングで示しました。最も重要な業務が「5」で、最も軽い雑用が「1」といった具合です。すると、おもしろいように、**約2割が「やらなくてもいい仕事」といえる「1」ランクの業務で、また最重要の「5」も約2割に収まったのです。**


こうして鳥瞰して全ての仕事を見ると、個々の仕事のプライオリティ（優先順位）が明確になり、「捨てるべき仕事」が見えてくるのです。

たとえば、「1」ランクの仕事は、やらなくてもいいのではないかと考え、捨てる仕事の第1候補として計画する。「2」「3」ランクの仕事は、それなりの完成度で、時間をかけずに終わらせる。空いた力と時間を「4」「5」に集中させるというわけです。

さらにその後、私の課では、5段階のプライオリティをはっきり提示したうえで、部下全員に「業務計画書」を提出させました。各人それぞれが抱えた業務について「完成度」と「納期」の計画を、仕事にとりかかる前に立てさせたのです。

上から見ると、仕事の風景は変わって見えるものです。

部下一人ひとりは「どれも同じくらい大事な仕事だ」と思っていることでも、全体を見渡さざるを得ない上司の視点で見ると、明らかに違うことがひと目で分かる。

だからその計画書をもとに私が判断し、「これはやらなくていい」「これに2週間もかけてはいけない。1週間で終わらせるように」と、「捨てる仕事」を指示したわけです。

捨てるべき仕事として典型的だったのは、「過去の分析のやりすぎ」でした。

営業の計画や新事業の企画書を作る前に過去の分析は不可欠です。しかし、これをやり過ぎる人間がなんと多いことか。そういう人ほど、分析はしたものの、それを行動に生かせていない。ぼんやり仕事に向かっていると、こうしたことが起きるのです。

もちろん、実際の計画は部下とすり合わせしながら決めましたが、結果として従来の半分以下の時間で仕事を終わらせられるようになりました。50％の省エネ効果です。結果、それまで、常態的に多くの部下が残業していた課だったのですが、戦略的計画立案をしてからは、ほぼ全員が定時に帰れるようになったのです。

もう一つの戦略的計画立案のポイントは、私と部下とのすり合わせ作業にもありました。このすり合わせで何度もプライオリティや納期、効率化について議論する機会を得られます。そのため、自然と「自分の業務は、課全体にとってどんな意義があるのか」「会社にとってどんな意味があるのか」を改めて認識するようになるのです。計画立案をするごとに、課全体、あるいは会社全体の仕事を見るようにするクセが、一人ひとりにつき始めました。

繰り返しになりますが、仕事の風景も、上からでなければ見えないことがあります。

そうした鳥瞰力を、自然と共有できるようになった、というわけです。

この仕事は何のためにあるか。1年間で何を成し遂げたいか。目的を計画にブレークダウンするときは、「何を捨てるか」を先に考えるのが大事です。

「TO DOリスト」を作る前に「NOT TO DOリスト」を作るのです。

これを繰り返すうち、あなたは高い視座と広い視野を手にした、優れた戦略家の道を歩き始めることになるはずです。

「TO DOリスト」の前に「NOT TO DOリスト」を作る

essence ⑧

misunderstanding
⑨

「計画」は綿密に立て、ブレずに進めなくてはいけない

「緊急の仕事か捨てる仕事か、どう判断をすればいいでしょう？」

「優先順位はどうつければいいんですか？」

先述した戦略的計画について説明すると、よくこういうことを聞かれます。

私はいつも、

「信頼できる上司に聞くのが一番です」

と答えています。

例えば「今年はこの10の仕事をこの優先順位で進めていくつもりだ」と年頭所感のように作成したら、それを上司に見せてみます。すると全体を見渡す上司から、

「いや、この優先順位は逆だ」

「ここにはないが、あれもやってほしい」

などと指摘されるからです。

そんな上司がいない場合はどうすれば？

「それは、あなたが決めなさい」

――これも私がいつも言う言葉です。

「この仕事は重要度が『2』だろう。時間をかけすぎてはいけない」

「この案件は緊急度が高い。他の仕事よりも早く仕上げよう」

最初は当てずっぽうでよいので、「あなたが思ったままに決め、動く」のです。

もちろん、判断を誤ることもあるでしょう。重要な仕事だと思っていたが、実際に動いてみたらそうでもなかった、など。

実はここからが肝要です。

予想が外れたら、しっかりと修正するのです。

計画とは、立てることが大事なのではありません。修正することこそが大事なのです。

なぜなら、仕事とは「予測のゲーム」だから。

将来を予測して策を練り、実行する。それが仕事というゲームなのです。

例えば私は、初めて人に会うときは、「相手を決めつけろ」とよく言います。

とても早口で、とにかく結論を急ぐような話し方をする人であれば「せっかちだが、仕事ができない人」と決めつける。神経質すぎるほどに細やかな人と会ったなら「よく気がつくが気が弱いタイプ」と決めつけるのです。

この人物像を、私は初対面の面会が終わったあとに、もらった相手の名刺にメモとして書き込んでおきます。

もっとも、これで終わりではありません。

次に会ったとき、最初に決めつけた印象と違ったら、前回書いた名刺のメモを「変える」のです。

「せっかちだが、正確性も併せ持つ。できる人」

「神経質すぎるが、意外と気が強いタイプ」

などと修正する。

3度目に合ったときにまた違えば、さらに修正…。

こうして、「決め付け↓修正」を3回もやれば、ほぼ実像と一致してきます。キャラクターを理解した相手なら、コミュニケーションの勘所がつかめるから、仕事が進めやすくなります。ゲームに勝つ可能性は、うんと高まるわけです。

人と会うとき、ただぼんやり話すことが、いかにムダなことか分かると思います。

また、私は決算期の3月に予算が上がってきたら、部下全員に、

「来年の今頃、課の売上や利益がいくらになっていると思うか、理由と共に書きなさい」

と命じていました。

たとえば、予算の売上100億円を、ある人は95億円と予測し、ある人は105億円と予測する。1年後、結果は110億円だった。間違っていた人は、何が間違っていたか見直してみる。予想と現実のズレをフォローアップするわけです。

数字は合っていたが理由が間違っていたという人も同様です。思ってもいないことが起きたか、自分が思ったことが、もっとひどく起こったか、と見直す。これも繰り返すと、予想と現実が合ってくるようになります。

かつて日本海軍の軍艦の艦砲射撃は、まず当てずっぽうに予測した1発目を撃った後に、

着弾点を確認し、砲台の向きや砲身の角度を調整して、徐々に精度を高めていきました。

ビジネスも同じです。

まずは予測する。

間違っていたら修正する。

これを繰り返す。

そのうち、計画も、コミュニケーションも、売上予想も、狙い通りに当たるようになってくるはずです。

ビジネスは予測のゲーム。
計画は修正こそ大切

essence ⑨

misunderstanding
⑩

現場目線を忘れてはいけない

現場の視点――。

ビジネスの世界では、良い言葉として使われることが多い言葉です。

しかし私は、現場視点だけでは足りない、むしろ悪い結果を招くと考えています。「目先のことだけ集中していればいい」という一面的な見方になるおそれがあるからです。

繰り返しになりますが、仕事の風景は立つ場所によって変わってきます。会社、あるいは部や課にとって、何が大事なのか。捨てるべきムダな仕事は何なのか。それらを判断するには、全体を見渡す高い視点、現場視点から離れた「鳥瞰」が不可欠だからです。

だから、「一つ上の上司の視点」が大事になります。

仕事に取り組むとき、常に今いる自分より、一つ上の立場で考えるのです。

軍隊では、常に一つ格上の教育を兵士に施すそうです。連隊長になる前に、連隊長の教育をする、といった具合です。戦争はいつどこで始まるかわかりません。連隊長になってから教育を施していたらトゥーレイト、いざ、交戦状態に入ったときに連隊長としての努めをはたせず、多くの部下を殺してしまうことになるからです。

会社でも同じではないでしょうか。そのため、私は「課長には課長教育をするな」と言ってきました。課長に必要なのは「部長教育」なのです。これも予測です。将来立つべき場所を予測して、「部長ならどう動くか」と意識して、目先ではなく全体を幅広く見て、日々の仕事にあたるのです。

東レで私が課長だったとき、前田常務という人が、当時役員の中では最年少の56歳で社長になりました。役員2年目で、14人抜きで東レのトップになったのです。

その前田さんが、一度、私を食事に誘ってくれたことがありました。

「56歳という若さで社長になって、大変でしょう？」

無邪気に聞いた私に、前田さんはこう答えました。

「俺は36歳で課長になった時から『社長だったらどう決断するか』と考え、仕事をしてきた。もう20年間社長をしてきたようなものだから、大変なはずないじゃないか。何を言ってるんだ、お前は」

恐れいりました。実は前田さんは私がまだ新人だった頃に、課長や部長をしていた人でしたが、当時から「何だか変わった人だな」と感じていました。部下への指示や、会議の場などで、どうも他の人とは違う言動が多かったのです。いつでも「社長の立場」で物事を考えていたからでしょう。

何も同じように「社長の立場で考えよ」とは言いません。

しかし、一つ上の上司の視点なら、誰にでもできるでしょう。日々の仕事に振り回されて、現場で、ただただ仕事をこなすのではなく、「上司ならどう考えるか」「部下として自分は、どう見えているだろうか」と考えるのです。

日々、そんな上司視点の習慣を積み上げれば、ほとんどの人は、自分の立場でしか考えていないから、同僚との差はどんどん開いていくことでしょう。

よい習慣は、才能を超えるのです。

「上司の目線」で鳥瞰する力をつける

essence ⑩

3章
価値ある情報を見抜き、生かすヒント

misunderstanding ⑪

リーダーシップとは、統率力や決断力のことである

リーダーシップとは何か？　そう問われたなら、あなたは何と答えるでしょうか。

先見性。統率力。それとも決断力だと思いますか？

すべて、違います。

リーダーシップの要諦とは「現実把握力」に尽きる。私はそう確信しています。

企業におけるリーダーは「経営戦略」や「営業戦術」を立てます。組織を「この方向に向かおう」と指し示すものですから、確かに決断力を要します。

しかし、いまお客様は何を求めているのか？　自分たちの事業をとりまく環境はどのような状態か？　部下一人ひとりはどの程度のスキルと能力を持っているのか――。

こうした、いま目の前にある〝事実〟を把握しないままの決断は、組織を間違った方向に向かわせます。

気をつけなくてはならないのは、「事実」にはさまざまな種類があることです。

「報告された事実」「希望的事実」「見せかけの事実」…。これらはすべて本当の事実、〝真実〟ではありません。それにもかかわらず、人はこうした偽の事実を信じることがある。

「イラクには大量破壊兵器がある」

かつてアメリカのブッシュ元大統領は、そういう事実を信じてイラク戦争を起こしました。しかし、後にイラクに大量破壊兵器などなく、それがＣＩＡからの「報告された事実」でしかなかったことが明らかになりました。リーダーが、真の事実を把握できなかったことで、いったい何人が命を落とすことになったのでしょうか。現実把握力に乏しいリーダー。その決断は、取り返しのつかない不幸を招くのです。

リーダーというのは、真の事実さえつかめれば、自ずとなすべきことは見えてくるものなのです。

京セラの創業者で、名経営者として名高い稲盛和夫さんは、多額の赤字を抱えていた日本航空を立て直したことでも有名です。もっとも、稲盛さんが日航でしたことは二つだけ。「赤字の原因をつかんだ」こと。そして「それを切り捨てた」ことです。

それまで日航は、規模は大きいものの、どんぶり勘定を続けていました。赤字が積み重なっているにもかかわらず、どの便がどれほどの赤字を出しているかまでは明確にしていなかった。

稲盛さんは、これをすべて洗い出させた。例えば羽田からある地方への路線が「赤字」とされていたら、1便ごとに収支を見て赤字の便は廃止し、黒字路線を残しました。その結果、稲盛さんは1万人の社員の首を切りました。膨大な数です。しかし、彼らは昨日まで赤字のビジネスを続けてきたのです。

私も東レにいる頃に、大小あわせて20あまりの事業や会社を再生してきました。しかし何も特別なことはしていません。**赤字の原因を正しくつかむことにこそ力を入れた。そして、その原因を排除すれば、業績はいとも簡単に正常になるのです。**

それは外科手術と似ています。患部がどこかを正確に見つけたうえで、それを切るのです。いくら執刀の腕がよくても、患部を間違っていたら、意味がないという話です。

あなたがリーダーなら、あるいはリーダーを目指しているなら、現実を疑うことを行動の起点としましょう。真実は何か。見せかけの事実や報告された事実ではないか…。結論を急ぎ、道を誤ってはなりません。見極めることにこそ、時間と労力をかけるのです。

リーダーに必要な能力は一つ。
「現実把握力」である

essence ⑪

判断力を養うには、経験を積まなくてはいけない

世の中のニーズ。

事業をとりまく環境。

部下のスキルや能力――。

こうした現実を正しくつかむことが、真のリーダーに必要な能力だとお伝えしました。

しかし、あなたはこう思われているかもしれません。

「溢れる情報の中で、現実を正しくつかむことなどできるのか？」

「限られた情報の中で、ウソの事実を見抜くことなど、自分にできるとは思えない」


その通りです。決断をするために情報を集め、真実を見抜くような見識眼は、一朝一夕では身につきません。

あふれかえった情報、あるいは限られた情報を前にして、分析して、予測して、「これ

が正しいのではないか？」と、自ら決断を下してみるしかない。

だから見聞きする仕事、ニュースや雑談、あらゆる情報に対して、眼を耳を開き、情報を集める。そこから正しい情報、必要な知識を把握する習慣が必要になるのです。

こうして経験を積み重ねることが、現実を見抜く眼を培ってくれるというわけです。


もっとも、ただ情報を集め、経験を重ねるだけでは、何も起こりません。

それは本を読んで「勉強になった」と思うだけでは、何も変わらないのと同じこと。現実把握力に繋がるような見識眼を手にするには、「行動」に移す必要があるのです。


最初は「メモ」から始めます。

私は東レ時代、メモ魔でした。仕事でもプライベートでも、言葉でも数字でも…。何かしら大事だと感じたものは、すぐに手帳に書き留めてきました。

たとえば、

「担当する事業のマーケットサイズ」

「競争相手のシェア」

「日本のGDP」

「オイル価格」

といった、仕事上、覚えておくと便利な数字を手帳やノートに書き込みました。

正しい数字を知っておくと、ウソの統計や誇張されたデータに惑わされなくなる。正しい判断をする際の基準となってくれるのです。

また仕事でミスをした時は「なぜミスしたのか」「どうしたらミスを防げるか」と反省点と改善点も書き込みました。同じミスを起こさないための処方箋とするためです。

さらに本を読んで、感動した一節、フレーズなどがあったら著者名と作品名とともにそれも書き出しました。


例えば、アメリカの神学者であるラインホルド・ニーバーが残したこんな言葉。

「神様、私にお与えください。自分に変えられないものを受け入れる落ち着きを。変えられるものは変えていく勇気を。その二つを見分けられる賢さを」

または、元伊藤忠商事の社長で中国大使も務めた丹羽宇一郎さんの著作にあった、社員の意識改革のために行動原理として掲げた「クリーン、オネスト、ビューティフル」など

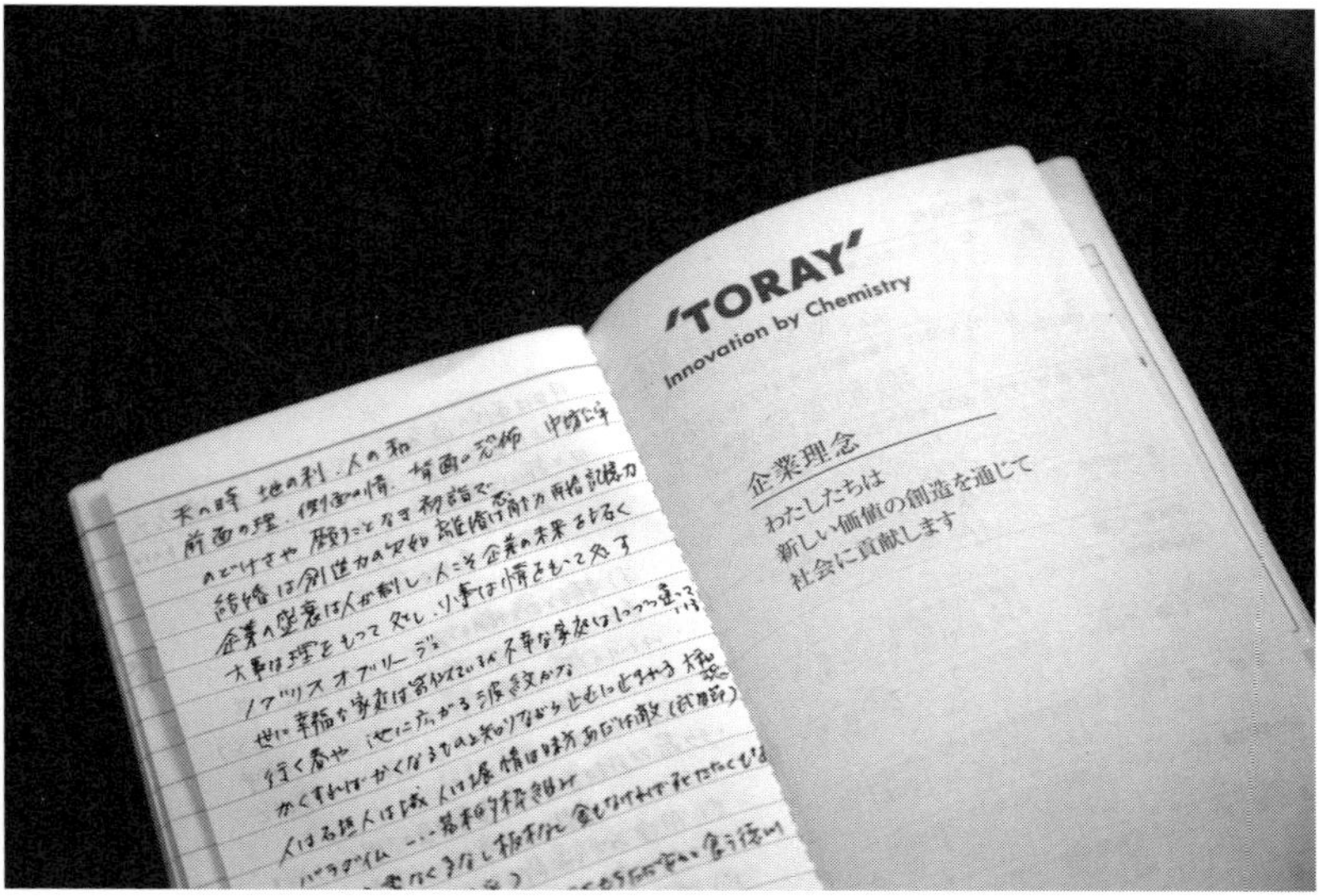

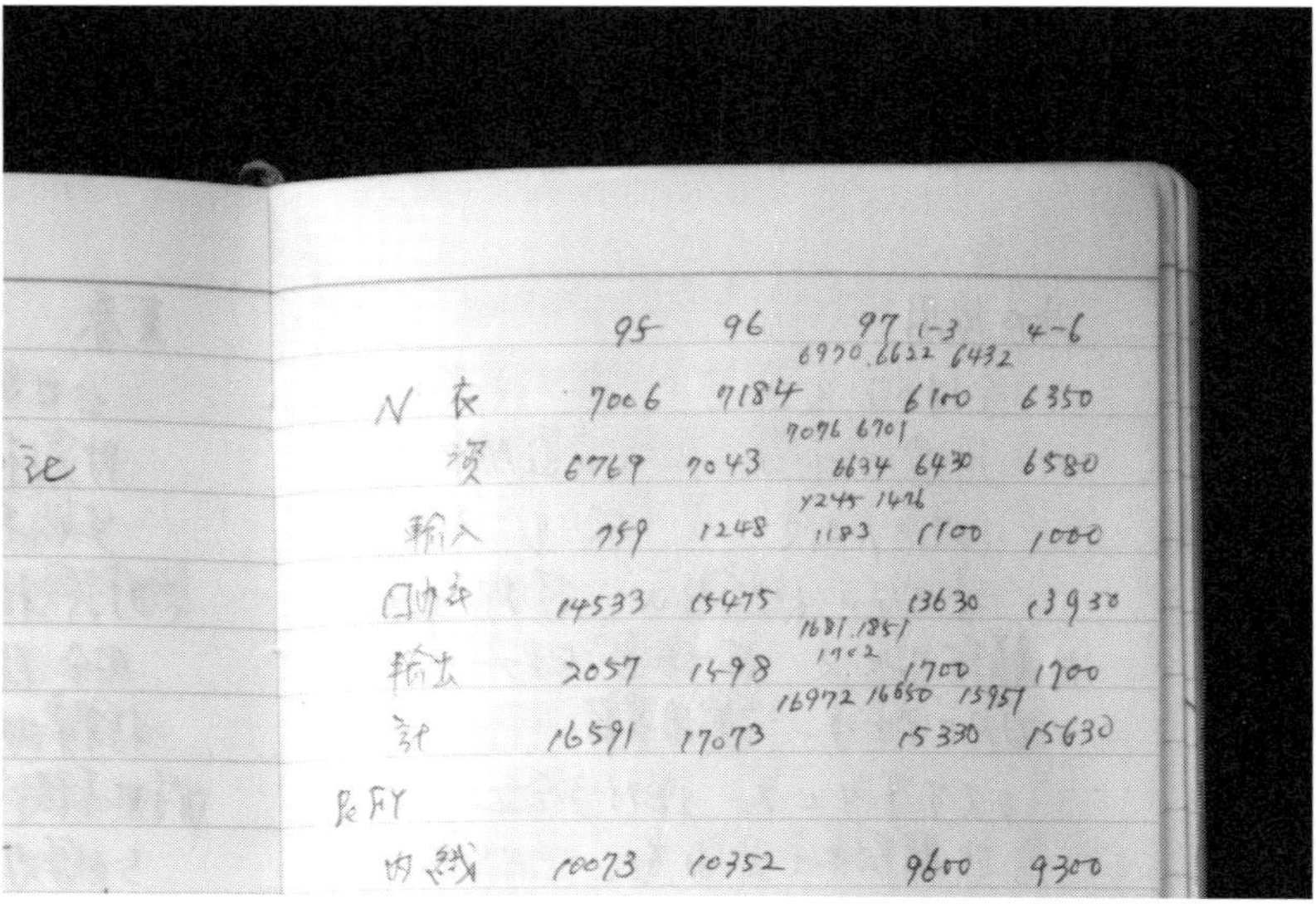

大事な数字や、印象に残った言葉をメモしておく。
とっさのときに、すぐに言えるかどうかが、極めて大事。

です。

こうした優れた先人たちの言葉を、自らの言動に引き寄せられれば、過ちを起こす確率が低くなります。また部下に何かを話すとき、スピーチや原稿を書くときなどに紛れ込ませれば、言葉に深みをあたえるスパイスとしても機能してくれるわけです。

もっとも、**大切なのは、こうした手帳に記したメモを幾度も「読み返す」ことです。**

私は通勤電車などに乗っているときは、必ず手帳に書いたこうしたメモを見直し、反芻することを習慣にしてきました。

「あのときは、こんなことを考えていたのか」

「このミスは、今もありえるかもしれないな…」

「なるほど。こうした考え方を上に立つ人間はすべきだな」

そんなことを思い返しながら、何度も繰り返して読めば、記録は記憶として定着します。覚えていたら、とっさの時でも正確な数字やその場にふさわしい言葉を使えるようになる。

「とっさに言えること」が大事です。スマホでいつでもどこでも調べられるとはいっても、

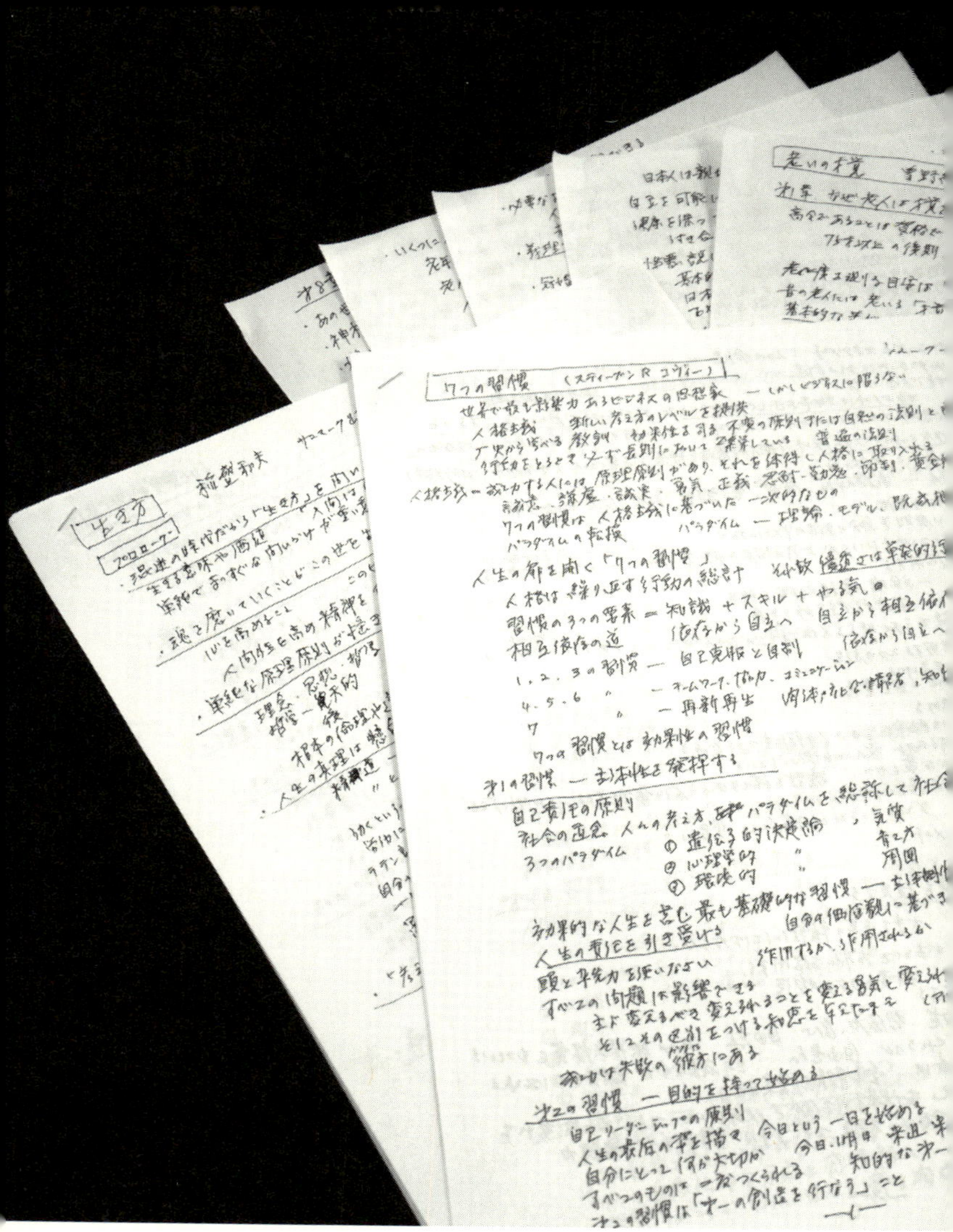

これはと思った本は、メモをとりながらていねいに読む。
よいエッセンスを自分のものにしたいという気持ちがあるから。

「ちょっと待ってください」と言って調べてから発言するのでは遅すぎます。

覚えているかいないかで、その人の行動の評価は変わるのです。

加えて、何度も読み返していくうちに、

「もっとこうしたほうがミスを防げるかもしれない」

「この本の一節は、今手がけようとしている案件のヒントになるかもしれない」

といった具合に、思わぬひらめきや、見識眼へとつながってくることもあります。

単に経験を積むだけでなく、メモをとりましょう。

内省が、あなたの経験を「見識」にまで高めてくれます。

またそれを読み返し、心身に染み込ませるのです。

こうした習慣づけにより、経験が見識に変わるのです。

経験を重ねるだけで終わらせない。
内省が経験を見識に変える

essence ⑫

できるだけ有能な部下を揃えるべし

優れた能力を持つ部下を揃えれば、優れたチームができあがる——。

あなたがそう考えているとしたなら、少々安易かもしれません。

頭はキレる。話も上手い。論理思考力を持ち、鳥瞰的にものを見られる。そんな人はぜひ部下として欲しい人材に映ります。

しかし、その部下が、ときどきウソをつく人間だとしたらどうでしょう？

ビジネスにおいて最も大事なことの一つが、現実把握力だとお伝えしました。

しかし、会社という組織で、自分一人がすべてを把握するのは極めて難しい。部下が「現場の状況」を正直に報告してくれることが、正しい決断をするためには不可欠です。

部下がウソをつくと上司は判断を誤る。だから、上に立つ人間は、部下がどんな人間か、誰よりも的確に理解しておく必要があります。

misunderstanding ⑬

元来そそっかしくて、いつもいい加減な報告や連絡をあげてくるようなタイプは、むしろ安心です。「間違っているのではないか」と用心していればいいからです。

怖いのは、デキる人間は、ウソをつくのもうまいということです。

ある意味、能力がなくても、現場のことを正確に報告してくれる部下のほうが貴重なのです。だからリーダーは「正直な部下」を育成することが、大切な仕事になるわけです。

では、どうすればそんな部下を育成できるのか。

私は上司として部下と接するときに、意識して続けていたことがありました。幼稚園のときに学んだ、人としての当たり前の、基本的なルールを守ることです。

「人に会ったら挨拶をしなさい」
「みんなと仲良くしなさい」
「気に入らない人を仲間はずれにしてはいけません」
「間違ったことをしたら、勇気を出してごめんなさいと言いなさい」

そして、

「ウソをついてはいけません」

こうした当たり前のことを、私は大事にしてきました。もちろん部下にもそう接してきました。ところが、**こうした当たり前のことをきちんとできる社会人は、あまりいません。**

経営学の巨人といわれるドラッカーは『現代の経営』という著作の中で「経営とは真摯《しんし》さである」と説いています。真摯さに欠けたものはリーダーになってはいけないのです。

真摯に人と向き合いましょう。

礼儀正しさは、あなたの最大の武器になります。

礼儀を尽くして仕事をする者は、必ず礼儀を尽くされるものです。ウソをつく部下が現れたとしたら、それはあなたが真摯さを欠いている証拠なのです。

「真実を報告する部下が揃っている」が勝つチームの条件

essence ⑬

misunderstanding
⑭

情報収集に〝遠まわり〟は禁物

「どこに行けば正しい情報が手に入るか」
「価値ある情報に辿りつくためには、どうすればいいか」
〝戦いを略す〟うえでは、そんな情報収集力も磨いておくべきでしょう。

30代の初め、出向を経て、東レの繊維企画管理部に戻ったとき、私が最初にした仕事は「書庫の書類整理」だった、という話はすでにしました。

これによって、その課での仕事をスピーディかつ正確にこなせるようになりました。会社の仕事は同じことの繰り返し。書庫で過去の資料を整理したおかげで、どこにどんな仕事のヒントがあるか分かっているので、アクセスが容易になったからです。

ここで大切なのは、3週間もかけて、じっくりと資料に目を通したことです。

いかにも遠まわりで、拙速をよしとしすぎる人にはムダにしか見えない作業でしょう。しかし、この3週間があったから、どこにどんな資料があるか手に取るように分かったのです。

情報は面倒でも、一度網羅的にあたったほうが、その後がはるかに速いわけです。

こうした「戦略的情報収集」とも呼べる手法を、人を相手にしたときでも意識してください。情報源として信頼できる人脈は、何よりも心強い資産となります。「あの人ならばあれを知っている」。そんな人間とつながるために、じっくり時間をかけるのです。

40歳を過ぎた頃、私が突然、営業課長の辞令を受けた話はすでにしたと思います。漁網とテグスを扱う営業課の課長に任命された、あのときです。

それまで20年間、企画畑を歩いてきた私は、このとき営業の経験がありませんでした。「素人が上司になる」。そのままでは部下たちは、「今度の上司は素人か」と、私をバカにするのは目に見えていました。そこで着任前に、あることをしました。

「営業の神様」と言われる人に会いに行ったのです。

会社というのはおもしろいもので、それなりに成果を出している人間は、すぐに名前が広まります。当時、東レの社内にも、営業のプロ中のプロ、「神様」と呼ばれている営業マンが5人ほどいました。

私は彼らに丁寧なメールを出したのです。

「私は営業経験がまったくありませんが、営業を学びたい。あなたは営業の神様だと伺いました。30分で結構ですので時間をください。私に営業とは何たるかを教えてください」

そのうち3人は面識がありませんでした。しかし5人全員が私に会ってくれました。一番短い人で1時間割いてくれた。うち2人は、営業とは何かを記したペーパーまで用意してくれていました。

「お前が営業の神様だなんていうから、この30年を振り返ってみたよ」と。

もっとも、この5人から出てきた話には、共通する本質がありました。曰く、

「お客様との約束は必ず守りなさい」

「守れない約束はしてはいけません」

「クレームが発生したら直ちに連絡しなさい」

つまるところ、人として基本的な考え方や行動ができていれば、営業が務まることが分かりました。私は5人の神様に貴重なアドバイスをもらえ、自信を持って、営業課長の道を歩めたのです。

本当に彼らから得たものは、そこから先です。

営業課長になってから、ことあるごとにトラブルが発生しました。自分が直接担当した営業先からのクレーム。あるいは部下がしてしまったミス。営業における困りごとがあれこれと噴出したとき、私はまたこの5人に相談に行きました。

すでに一度会い師弟関係を結んだ仲だから、また会ってくれました。

そして、より具体的な対応策やアドバイスをたくさんいただけた、というわけです。私は「神様」という名のメンターを一時期に5人も得ることができたのです。

良き人脈はまた、良き人脈へとつながっていくことにこそ、醍醐味があります。

「佐々木、お前はそれを営業の問題だと思っているようだが、それは技術のこの人間に聞いたほうがいい」

「いや。そういった話ならば企画部の彼を紹介するから、聞いてみろ」

そんな具合に、私は5人の神様から、またその先の貴重な情報を持つ方々を紹介してもらえた。価値ある生の情報に直接アクセスすることが可能になった、というわけです。


まず、一歩前に出ることです。


わずらわしい、めんどくさい、あるいは恥ずかしいなどと考える人はこれができない。

しかし人は、一歩前に出ることで、はじめて新たな情報と出会えるのです。

そしてまた一歩前に出た者だけが、新しい何かを手にできるのです。

遠回りでも一歩、踏み出す。最も価値ある情報はそこにある

essence ⑭

4章 時間を味方につける戦略を考える

misunderstanding ⑮

部下の仕事には口出ししないほうがいい

「いまやろうと思ったのに…」――幼い頃、親に勉強しなさいと言われて、口をとがらせた経験は誰しもあることでしょう。会社でも、部下にああせよこうせよと事細かに指示を出しすぎる人間は、いいリーダーとはいえないとされています。自由を好む最近の若い人にも流行らないようです。ただし、私はあえて言います。

リーダーは「部下の仕事に手を突っ込む」べきです。

会社の仕事には、やらなくていい仕事が2割はあります。ムダな仕事を省いて捨てて、やるべき重要な2割の仕事に力を集中させるのが成果を出す近道だということは、もう分かっていただけていると思います。

しかし、会社とはおもしろいもので、みんな「自分は重要な仕事をやっている」と思っているのです。特に部下というのは、油断も隙もありません。上司の目をかすめて、やら

なくていいこと、重要ではないことを進んでやってしまう。

1段高い場所から眺めて、冷静に仕事を取捨選択するのは、直属の上司しかできません。2段、3段も上にいくと、遠すぎて見えないからです。

そして、ムダな仕事をそぎ落として、効率的に仕事を終わらせる習慣をつける。残業などをさせずに力を入れるべき仕事に力を入れさせることこそ、直属上司の仕事です。

このとき、最も簡単な「部下の仕事への手の突っ込み方」があります。

部下のパソコンの「フォルダ」を見ることです。

会社の仕事は、同じようなことの繰り返しです。

目の前の仕事は、かつて誰かがやったことがある仕事に必ず似ている。

同時に、場合によっては似たような仕事を自分自身が手がけていることがあります。提案書、企画書、資料など、ワードやエクセル、パワーポイントなどのデータは「できるだけ使いまわしてやろう」と考える気迫が必要です。だからデータを使いまわさず、イチから全てつくっていたら即落第。「そんなおそろしいムダはすぐにやめろ」と指摘しましょう。

次に「使い回しの準備を怠っていないか」も見ます。

準備とは何か？　フォルダ内をアクセスしやすいようにすることです。

部下のパソコンの業務用ファイルをチェックしましょう。例えばそこに「業務報告」「提案書」などと漠としたネーミングであったら、これも落第。即刻変えさせます。

まず具体化させます。「〇〇社への提案書　2015年4月1日」とすれば、あとですぐ分かります。日付での検索もできるので、あとで容易に取り出せる。同じような提案書をつくるときに使いまわしやすいというわけです。

加えて、それぞれの仕事の使用頻度順に、フォルダの種類ごとにアルファベットをふります。最も頻繁に使うファイルが「業務報告」であるとしたら、フォルダ名を「A・業務報告」とする。次に使用頻度が高いのが企画書なら「B・企画書」にするといった具合です。フォルダはアルファベット順に整理されるので、こうすれば一番使うフォルダが一番最初に、一番上に表示されるようになる。すぐに欲しいファイルに辿りつけるわけです。

「ファイルの名前をつけるのが面倒」「フォルダの整理なんて時間のムダ」などと適当な名をつけている。しかし、最初のひと手間を惜しむ結果が、日々のファイルを探す手間や、データを探す時間の浪費になるのです。

もちろん、あなた自身のパソコンのフォルダも、しっかりと見直しをしておきましょう。

直属の上司こそ部下の仕事に口を出せ手を突っ込め

essence ⑮

ときには長時間労働もやむをえない

misunderstanding ⑯

「ワーク・ライフ・バランス」の考え方が広まっています。

言うまでもなく、会社の仕事は効率的に終わらせ、プライベートの時間を大切にすべきだ、という考え方です。私も「ワーク・ライフ・マネジメント」の推進者として、長く活動をしています。


もっとも、私はそもそもワーク・ライフ・バランスなどという前提などなくとも、長時間労働は「悪」であるという価値観を強く持ってきました。

「若い頃は長時間労働も仕方ないよ」などと訳知り顔で言うのは恥ずべきことです。

長時間労働をするような人、あるいはさせるような人は、常識、バランス感覚、プロ意識、想像力、さらに責任意識が欠如した人間だと私は考えているからです。

まず、「常識の欠如」と言う理由は、労働基準法によって、労働時間には上限が決まっているからです。上司がこの時間を超えるほどに部下を働かせているならば、常識が欠如しているということです。

また、コストと成果のバランスを求められるのが仕事というものです。成果に比べて多くのコストを投じる、ちっぽけな成果のために多くの時間をかけるというのは、「バランス感覚の欠如」と「プロ意識の欠如」を感じざるをえません。

残業や休日出勤をすれば、家族との時間や趣味の時間が削られます。それを部下に強要するのは、部下のそれら大切な時間を奪っていることにもなる。心身にストレスを与え、健康を損なう危険性もある。こうした多々あるリスクに気づけないというのは、どう考えても「想像力の欠如」があります。

そして、こうした長時間労働につぶされている部下がいながら、口出しせず、相談にものらず、放置しているようなリーダーは、「責任意識の欠如」が著しく、リーダー失格であるといえます。

だから、もしあなたが残業と休日出勤に忙殺されているとしたら、常識か、バランス感覚か、プロ意識か、あるいはそれらすべてが欠如していると自覚したほうがいいでしょう。仕事を効率化させる術をテクニックとして学ぶことも大事ですが、仕事で正しく成果を上げたいなら「残業は悪である」という意識を徹底して根付かせることは、さらに肝要です。

私は、長時間労働は「常識・バランス感覚・プロ意識・想像力・責任意識の欠如だ」という言葉を、手帳にメモとして書き留め、ことあるごとに眺めるのを習慣としてきました。それは、自らを戒める意味もあり、また言葉を血肉化させ、適切な場面で部下にすっと伝えられるようにするためです。

人は本心を見抜きます。

部下を説得し、納得してもらうときに「会社から言われているから残業はするな」と言うのと、心の底からそう思い「長時間労働は想像力の欠如だ」と伝えるのでは相手への響き方が違います。

長時間労働は常識、責任意識などの欠如の表れである

essence ⑯

昇格時期が近づいたら、部下をうまく売り込む

思い立ったが吉日。善は急げ――こんな言葉も、すぐ動きすぎる人を増やしてしまっている一つの要因でしょう。

しかし、思い立ったときが吉とは限りません。仕事には必ず「好機」があるからです。

たとえば、いまある仕事の仕組みを変革するような「改革プラン」のようなものは、会社あるいは事業が危機的なときに実行しなければ、うまくいきませんでした。危機感がなければ、変化は怖いものでしかない。切羽つまったときでなければ、人は「変わらなければ」と心底思えないからです。

私は数々の「構造革新プラン」を東レ時代に策定し実行してきましたが、うまく回ったのは、繊維事業が赤字になったときや会社全体の利益が大幅に落ち込んだときでした。仕事においては「好機」を見ることが極めて重要で、早ければいいという話ではないのです。

また、あなたが上司ならば、**「部下の昇格」の〝好機〟こそ逃してはなりません。**

サラリーパーソンにとって、昇格は何より大きな関心事です。上司が自分をどう評価しているかという、部下にとっては極めて気になる評価の発表であり、万が一、期待どおり昇格できなければ、あなたとの信頼関係に大きな溝ができます。すなわち、昇格の時期を迎えた部下に対して、直属の上司は最大限の努力をする必要がある、というわけです。

そして、最大限の努力とは「好機」を逃さないことです。

会社では、1年のうち昇格が決まる時期が決まっています。私の会社では、4月でした。この昇格直前にあれこれと準備していたら、トゥー・レイト。間に合いません。

私は常に、昇格の1年前から準備を始めていました。

昇格は4月1日付で決まりますが、人事部は実際にはその3カ月前の12月に全社から集めた昇格の申請を締め切っていました。申請が出た段階になってはじめて「うちの部下をぜひ」と根回しを始める人が多かったのですが、すでにトップ層は申請が出揃った段階で順位をつけ始めていたからです。

ならば、申請の前に、しっかりと「彼がいいらしい」という評判を人事に伝えておく必要がある。**直属の上司でもないかぎり、あなたの部下のことはよく知らないから、評価は**

「評判」が大きなウェイトを占めます。

それは仕方のない面があります。であれば、評判を伝えればいい。

では、評判をいかに上に、人事に伝えておくか。

私の場合は、1年前から、ことあるごとに、何度もさりげなく部下の業績をPRしていました。ターゲットは自分の上司と人事部です。

まず上司に対しては、「きみ、あの案件をとれたのはうちの部としてはとても大きな意義があったよ」などとほめられたら、すかさず伝えました。

「実はあの優れたプレゼンはA君が考え出したものなんです」

「今回のプロジェクトは、ほとんどA君が引っ張ってくれた。あれは優れ者ですよ」

といった具合です。少しオーバーに伝えるくらいでちょうどいい。

すると、上司はA君の評価を定めます。「そうか。A君というのはそんなに良いのか」と。

すると人事部へ行って、「来年の昇格はA君しかいない」と後押ししてくれるでしょう。

もっとも、人事部は上司のひと押しだけでは聞き流している可能性が大きい。そこで、もうひと押しを直接、人事部にしておくわけです。

「うちの課のA君はとても有能です。課長に昇格するなら、うちならA君だな」

「まさかA君が昇格遅れということはないですよね」

くらいに言っておいていい。もちろん、人事部の人間と接する機会をつくっておくことがまず大事ですが、そのアプローチは積極的にやっても問題ありません。なぜなら**人事部は常に人事の情報に飢えている**からです。むしろ「現場の声を上げてくれて助かる」とすら思ってもらえます。

こうした根回しは、直前で始めても意味がありません。いかにも「昇格させたいからムリヤリ薦めているのだな」と思ったら、人はそれに抗いたくなるものです。しかし、普段から「A君はいい」「A君は昇格に足る人材だ」と伝えていたら、上司や人事部はそう考えてしまいます。これを何度も続けたら、秋口にはだいたい昇格人事は決まっていきました。A君はノミネートされた中で、知らず知らずに一歩抜きん出るというわけです。

副産物もあります。まず上司に対して、あなたが「あれはA君のおかげだ」と伝えたこと。それは「課の業績を自分の手柄にせず、部下を持ち上げるあなた」を輝かせることになる。人間としての大きさを上司に評価してもらえる可能性が大きい。「あれは自分がやった」と自己PRする課長は、部長にネガティブな印象を与えます。

部下を持ち上げることは、結果としてあなたの評価を上げることになるのです。言うまでもなく、部下からの評判もよくなります。私は「佐々木さんの部下になると出世する」と噂されたものです。

ちなみに、**こうした根回しの事実は、当事者にもさりげなく伝えておくほうが賢明です。**「上司への根回し、人事部への宣伝をすでにしている」と伝えておけば、たとえ今期は昇進できずとも、部下は「上司は自分を応援してくれている」と信頼してくれる。意気に感じモチベーションを高めるでしょう。

よくいる残念な上司は「A君、君の昇格のために手を尽くしたのだがダメだったよ」などと昇格人事が決定してから本人に伝えます。たとえそれが本当でも、当人にしてみたら言い訳にしか聞こえません。

私の見たところ、こうして戦略的に考えて動いているのはせいぜい2割。8割は考えていません。どんなにもともとの頭が良くても、考えていない人は、考えている人にはぜったいに勝てません。

あらゆる「好機」を逃さないこと、それこそが、会社で「吉日」を引き寄せる方法なのです。

部下の昇格人事への対策は1年前から始める

essence ⑰

misunderstanding
⑱

優先順位は「対・社外→対・社内→自分」の順で

会社の仕事は、一人でするものではありません。

同僚、取引先、関連会社、もちろんお客様。どんな仕事でも、あらゆる他者との繋がりがあってはじめて、仕事は成立します。

ただし、だからといって、社内外からの来客やアポイントをなんでもすべてまともに受けていたら、あなたのスケジュールはすべて埋まってしまいます。

考えずにすぐ動く人は、他人にスケジュールを奪われてしまう人でもあるのです。

あなたの時間を守るのは、あなたしかいません。

スケジューリングでは「時間予算」の発想を手に入れましょう。

時間予算とは、使える時間を予算のように見積もって、事前に確保をしておく手法です。

たとえばある金曜日。「A社への提案書を来週金曜日までに仕上げる必要がある」とします。1週間のスケジュールをみると、すでに入った客先への営業や出張、会議などを入れると、社内で提案書の作成作業ができるのは10時間程度でした。

「よし。10時間もあれば、やりくりして提案書を作れるな！」

そう考えるのは、時間予算の発想ができていない証拠です。

予算は、手持ちの資金から切り離して確保しておくことが欠かせません。他の用途では使えないようにする必要がある。同じく、時間も切り離しておく必要があるのです。

なぜなら、何もしなければ、突然の来客やミーティング、社内外からの電話などが飛び込んできて、残っていると思われたあなたの10時間が奪われていく可能性が高い。気がつけば「10時間あると思ったのに…。明日がもう〆切だ！」と嘆くはめになるわけです。

だから、私は、スケジュールを立てるとき、必ず「時間予算」の発想で、時間を切り離す作業をしてきました。

まず大事なのは、「厳しく見積もっておく」ことです。仮に提案書の〆切まで「10時間は確保できそうだ」とわかったら、その中で**実際に使える時間はせいぜい30%、3時間だと覚悟しておくべきです。**先述通り、突然のどうしても避けられない仕事が飛び込んでくるからです。それでも、その30％、つまり3時間は死守しなければなりません。そこで、「自分へのアポイント」を入れるのです。

つまり、スケジュールが空いている時間の中で3時間をピックアップして「A社で打ち合わせ」などと、あたかも外部からアポが入ったかのように、スケジュールに書き込みます。以降、その時間に入ってきたアポは「すでに埋まっていまして…」とブロックして時間確保するわけです。そして実際は外のカフェや会議室に籠るなどして、じっくりと提案書作成に使う。他人に時間を奪われぬよう、自分で自分の時間を確保しておくというわけです。

加えて私の場合は、自分で自分の〆切の「サバを読む」こともしてきました。実際の〆切より早めにデッドラインを設定するのです。たとえば〆切が金曜日なら、2日前の「水曜日」を〆切として、スケジュール帳に記し、早めに仕事を終わらせるのです。

間際での仕事はロスが多いものです。論理構成も詰めが甘くなり誤字も多くなる。仕事の質が下がってしまうわけです。しかし、〆切よりも1日早めに終えていれば、見直しができる。冷静な頭でブラッシュアップできます。そのため、焦って〆切間際に終わらせた仕事より、はるかによい結果を残すことになるのです。

「時間予算」の意識を持つ。使える時間は見積もった30％しかない

essence ⑱

手帳は1冊で十分

情報を一つにまとめておく――これは、「あれはどこにいった？」などと迷うことなくアクセスできるという意味では、極めて正しい考え方でしょう。

その意味で、「手帳を1冊にまとめる」という発想はとても理解できます。

しかし、私は長年、手帳を3冊同時に持ち歩いてきました。

手帳1冊では、自分の満足する仕事ができないからです。

私が使っていた三つの手帳のうちの1冊目は、77ページでもご紹介した、東レが社員用に配っていた手帳です。この手帳の役割は「スケジュール管理」と、すでに申し上げた「印象に残ったり、記憶に残したい言葉や数字のメモ」などでした。

スケジュールに関しては、先に述べた「時間予算」に即して、自分へのアポイントやサバ読みをしたスケジュールを記していました。このときに便利なのが、2カ月分が見開きで見られる月間スケジュールページがあること。

私の経験上、ビジネスは**2カ月先を見越しながら進めるのがちょうどいい**と考えています。大きなイベントや大事な企画の提案書などは、じっくりと時間を確保して取り組むべきだからです。先を見すえて時間予算を組み立てるには、来月までをふくめた60日あまりの予定がひと目でつかめる手帳はとても重宝します。

また、手帳の後ろにある白紙のスペースを、先述したように本を読んで感動した一節やフレーズなどを書き込むメモとしていました。あるいは「競争相手のシェア」「日本のGDP」「自社の売上・利益・商品価格・原価」など、覚えておきたい数字のメモもこちらに記しました。そして、ことあるごとにこれを見直し、自分の血肉として仕事に生かすようにしていたのです。

読み返すことで、記録は記憶に変わります。

「あの商品の原価はいくらだった？」

「シェアはどれくらいだ？」

上司や取引先に聞かれたとき、即答できるか否かで、評価は大きく変わります。

「彼は大事な数字はいつも頭に入っている」となるわけです。調べて答えるのでは、こうはいきませんし、それなりのレポートを作成するという仕事を背負い込むことになります。即答すれば相手もその場で納得し、それ以上新たな仕事を生まなくてすみます。

そして二冊目は、同じく東レの社員用手帳でしたが、二回りほど小さいサイズでした。こちらは携帯用。Yシャツの胸ポケットに入れて、いつでも身につけておきました。

この小さな手帳には知人の連絡先、自分の銀行口座、人との待ち合わせ場所などを記しました（今だったらスマホでしょうね）。

同時に、これに小さな紙をはさんでおいて、処理すべき案件、送らなければならないメール、思いついたアイデアなどを書き留めました。大きな手帳のメモよりも、もっとカジュアルなメモは、小さなほうにしたわけです。また、これを私は「TO DOリスト」代わりにして、処理し終えたら線を引いて消していました。

では、三冊目の手帳はどんなものか？

実は一冊目と同じ、大きな手帳です。

手帳は、サラリーマン時代から20年以上変わらず、東レの社員向け手帳を愛用。
今でも読み返す。使い慣れた同じものが一番。
何度か替えようとしたけれど、結局これに戻ってきた(後列右側が、小さいサイズ)。

しかし、それは「去年の手帳」で、今年の手帳と一緒に、いつも2年分をバッグに入れていました。

会社の仕事というのは、毎年、同じ時期に同じようなことが起こります。

昨年の手帳を持ち歩き、ことあるごとに見返せば「そろそろ何が起きるか」と予測ができるからです。

過去の手帳は、ムダを廃すための最強のツールとなるのです。

今年のだけでなく
去年の手帳を今、見返す

essence ⑲

5章

人に強くなるコミュニケーションの習慣

効率的に成果を出すなら、スキルを磨かなくてはならない

misunderstanding
⑳

会社は戦闘集団です。社会に価値を提供しながら、利益を出し続けていくには、それ相応の努力と覚悟が不可欠。慣れ合いの組織では勝ち続けられません。互いを律するような、厳しさがあってしかるべきなのです。

ただ一方で、私は、そうした厳しさが求められる集団だからこそ、互いを尊重しあえるような、ぬくもりのある「信頼関係」が根底には絶対必要だと考えています。単に高い才能とスキルを持った人間を寄せ集めても、戦いに勝てないのです。

たとえば、効率的に仕事をしたければ、同僚との信頼関係は欠かせません。

想像してみてください。

ウソをつく。約束を守らない。他人の成果を自分の手柄とする――。そのような人として信用できない上司に指示を出されたとき、あなたは即座に指示どおり動きたくなるでし

ょうか。意識せずとも躊躇する、場合によっては後回しにするはずです。そもそも信頼できない人間は周囲の意欲を削ぐため、組織の戦闘力は当然、下がってしまいます。

もちろん逆もしかりです。あなたが周囲に信頼されていなければ、誰もあなたの頼みや指示を率先して聞こうとはしません。団体戦である会社の世界では、やはり敗戦に近づくのです。


では、周囲と信頼関係を築くにはどうすればいいのでしょうか。

まずは何より「真摯さ」を貫くことです。

目の前の人間と、真正面から正直に向き合う。

しっかりと相手の眼を見て、挨拶をし、言葉を交わす。

約束や時間を守る。ウソをつかない――。

こうした、人としての当たり前のことを当たり前にできる真摯な人は、周囲の人から信頼を得ます。自然と好感をもたれ、たいていの人と良好な人間関係が結べます。

優しさのあるところに、良き人材は多く集まるのが常です。

そのうえで「努力」です。

先に述べた真摯な行動をすると、私たちはつい、相手にもそれを求めてしまいます。ときに相手に裏切られるようなこともあるでしょう。しかし、それでもなお、あなたが真摯な行動を続けたとき、必ず相手もあなたに信頼を寄せてくれる。

起点はいつも、あなたなのです。

信頼関係の形成に関しては「才能」や「スキル」や「技術」は不要といってもいいでしょう。なぜなら、才能ある人は、時として真摯さや努力を軽んじる傾向があるからです。

会社の中で昇進していく人たちを見ていると、あまり学歴というのは関係ないようです。才能ある人でも真摯さに欠けていると評価されません。真摯であろうと努力することが大事です。

頭のいい人ほど、気をつけたいものです。よき組織は、才能やスキルではなく、真摯さと努力のもとに生まれます。会社において本当にあなたを助けてくれるのは、個人の才能やスキルではない。信頼関係を築きあった仲間たちなのです。

効率的に成果を上げる組織のベースには信頼関係がある

essence ⑳

「あうんの呼吸」、「以心伝心」で動けてこそ一人前

misunderstanding ㉑

話さずとも通じあえる「あうんの呼吸」や「以心伝心」こそ、日本企業の強さの秘密である。

長らくそう言われてきました。

しかし私はそうは考えません。

「言わずともわかっているはずだ」などという甘えから生じるコミュニケーション不足。それこそが日本企業の弱みで、日本の生産性が著しく低い理由です。

コミュニケーション不足の弊害は、日々、会社の中で起きています。

「君、すまんが、B社の概要を私用に用意してくれないか？」

上司からそう声をかけられたとき、すぐさま動く人はたいていしくじります。

かつて、この指示に「わかりました」と即答して、B社について、ことこまかに調べあ

げて、丸1日ほどかけて、5、6枚のレポートを綺麗に仕上げた同僚がいました。

しかし、詳細で整った資料を見て、上司はなぜかいかにも不満顔でした。遅いうえに内容が「トゥーマッチ」だったから。

ここまでの資料はいらなかったのです。「こんなことに時間をかけるな、もっと大事なことがあるだろう」と思ったのでしょう。

同じような指示があったときは、私はまず聞き返しました。

「何に使われる資料ですか？」

すると「今度訪問するから概況が知りたい」と返ってきます。このやりとりで、事の軽重は測れます。だからインターネットでB社のホームページを開き、「会社案内」のページをプリントアウト。そこにうちの会社の窓口の人間の名前とプロフィールをつけ足すものの10分で終了です。受け取った上司は満足げな表情でした。

美しく整った資料ではない。

しかし「早く」て「十分」だったからです。

コミュニケーションというのは常に双方向である必要があります。

しかし、**こうして上司に聞き返すコミュニケーションができている人は驚くほど少ない。**

根っこにあるのが「言わずともわかっているだろう」の甘えです。

「わかってくれているだろう」

「聞かなくてもわかるはずだ」

「質問したら…怒られるかな」といった具合。

しかし、そんな疑心が少しでも浮かんだら、さっさと「確認する」という行動に移しましょう。

吉田松陰が好んだ「知行合一」という陽明学の言葉があります。「知ったらやりなさい」……思っていることは行動が伴わなければ意味がないのです。

また、私にいわせれば、確認せず思い込みで仕事をする部下もまずいですが、不明確な指示を出している上司にも問題がある。

いずれにしても、両者がひと声をかける手間を省いているために、膨大なムダな作業が発生してしまうのです。

加えて、コミュニケーション不足は、信頼関係を崩す発端になってしまいます。互いに言葉が足りなかったばかりに「きちんと指示を出さないあの人は上司失格だ」と部下は根に持ち、「彼はデキない男だ」と上司は失望する。

さらに仕事は停滞するわけです。

だから、上司が仕事を振ってきたら、必ず確認しましょう。
「その仕事の目的は？」
「おおよその納期は？」
「どのレベルの品質が必要か？」

そして疑問点があれば必ず聞き返すのです。

仕事が長引くならば、途中経過を報告しましょう。「今はこれくらい進んでいます」「この調子で問題ありませんか？」といった具合です。

もちろん、あなたが上司なら、部下にそんな質問をさせないよう、先回りしてしっかりとした指示をするようにしましょう。社外に発注するなら、目的、重要性、納期、品質基準を明確にしてからにしましょう。

「言わなくても分かる」

その甘えから早く脱け出してください。

「言わなくても大丈夫だろう」がムダを生む

essence ㉑

misunderstanding
㉒

部下のプライベートに触れてはいけない

部下や同僚のプライベートには口出しをしない。

個人情報保護やセクハラ、パワハラなどのリスクから、今はこうしたドライな関係が職場のスタンダードになっています。

私は口出しばかりしていました。

東レでの課長時代、春と秋に部下たちと1対1での面談を必ず実施していました。

一人2時間くらいかけ、じっくりと話を聞くのですが、このときは必ず仕事の話題に入る前に、1時間ほどはずっとプライベートについて聞いていたのです。

「親御さんは元気かい?」

「家族に問題はないか?」

「彼女とはうまくいっている?」

踏み込みすぎではないか？　そう思われるかもしれません。

しかし、私は部下を自分の家族同然と考えていました。平日だけでみれば、実の家族より長い時間を過ごす相手です。家族のように親身になって何かしてやりたいと考えるのは当然のことだと考えていたからです。

そもそも私もあなたも、営業主任のAさんも、係長のBさんも、彼らは会社員である以前に、プライベートにいろんな事情を抱えた家庭人であり、個人です。いろんな悩みを抱えながらも、それぞれの持ち場で、仕事に向かっている。誰かに話すだけでも、その悩みは、少しだけ軽くなる。そうすれば、また会社でのびのびと力を発揮できる。私はそういう考えを持っていたのです。


こうした考えに至った発端には、私自身の経験があります。

私には子供が3人いますが、長男は生まれながらに自閉症という障がいがあり、集団行動がしづらく、小学校に入ってからは、私は学校から何度も呼び出されたものです。

こうした心労も重なって、妻は肝硬変とともにうつ病を患い、入退院を繰り返すことに。さらに自殺をはかろうとしたことも何度かありました。

最初、私は会社にこうした事実を言わないままにしていましたが、さすがに妻が自殺未遂をする頃になるとそれは難しくなった。そこで、周囲に事情を話し、「病院から連絡があったらすぐつないで欲しい」「子供の事情で突然早退することもありうる」ということを正直に伝えました。

最初は、負い目となり、同僚たちに負担をかけて申し訳ないと思っていました。

ところが、上司も部下も私の苦労に気遣いをしてくれるようになった。病院や学校から電話があれば、文句もいわず仕事を手助けしてくれ、「すぐ行ってください」「あとは任せて」などといった言葉をもらえた。

そうした言葉と信頼にどれだけ支えられたことか……。

同じように、人は誰しもプライベートに何かを抱えています。職場の誰かの一言や心遣いで、ふっとその重荷が軽くなることを教えてもらっていたので、部下との面談のとき、かつて妻がうつ病を患っていたこと、長男が自閉症という障がいを持って生まれたことなど、自らの家庭の事情を話しました。私が内面をさらけだすことで、部下は自分や家族の抱えている悩みを言いやすくなるからです。

「実は父が先月、倒れて入院しまして…」

「子供がもしかすると病気じゃないかと心配になっていて」

「実は結婚しようか、迷っている相手がいるんです」

事実、その後は、こうした個人的な話を打ち明けてくれたものです。私は自分の家族に対するように、こうした悩みに親身に答えていました。

こうしてプライベートの悩みまで互いに知っていると、極めて仕事もやりやすくなります。私がそうだったように、たとえば部下が両親の介護や子供の病気を抱えていると知っていれば、時間的な配慮や、人事異動においても先手を打ってムリのない配属を考えられます。加えて、悩みが特にないなら、たとえばひいきのプロ野球チームがある同僚に「今日は優勝決定戦だから、楽しみだね」と一言いうだけでも、気分がよくなるでしょう。

こうして環境が整えられれば、また組織全体のムードはよくなっていく。配慮されたことで、仕事へのモチベーション、あなたに対する信頼も増していくのは間違いありません。

極めて情緒的な、湿ったマネジメントに見えるかもしれません。

しかし、私は会社の仕事はフィギュアスケートに似ていると考えているのです。テクニックだけでは勝てません。もっと心に響くようなアーティスティックな加点が揃ってこそ、よい仕事ができる。そう信じています。私たちはビジネスパーソンである前に、人間だからです。

部下、上司、すべての人に、プライベートもふくめて関心を持ち、耳を傾けてみてください。語り合う時間をつくるようにして、あなたも自分をオープンにしてください。

そうして築かれた信頼関係が、あなたの仕事をアシストすることになるのです。

部下のプライベートに関心を持ち
自分もオープンにする

essence ㉒

misunderstanding ㉓

大変だが、プレイングマネージャーとして結果を出さなければ…

「自分がやったほうが早い」

「人手が足りないから、現場に出ざるを得ない」

こうした理由からプレイングマネージャーという選択を自らする人が増えています。

確かに、2~3人の小さな組織ならば、いたしかたない。

しかし、ある程度の部下を持つ組織の管理職がプレイングマネージャーをしているとしたら、私はそれを「試合放棄」と判断します。

管理職は、常に部下よりヒマでなければならないからです。

管理職の仕事は、突き詰めれば二つだけです。

一つは「組織の成果をあげる」こと。もう一つは「部下を成長させる」ことです。

ところが、プレイングマネージャーとして現場に出ていると、この二つをするヒマがなくなります。自分の仕事で手一杯で、部下の面倒をみる時間がなくなるからです。それでは、組織全体の成果は上がりません。

「いや。デキの悪い部下がいるから自分が手を動かすしかないのだ」

そう考えている方もいるかもしれませんが、それならばなおのことです。

デキの悪い人というのは、たいていほったらかしにされています。

その分の仕事は、同じ課にいる「デキのいいA君」に回っていくことになりがちです。しかし、A君の処理能力も限界があります。それを超える量が集中したら、今度はA君のパフォーマンスが下がり、仕事の質も低下するでしょう。

組織の成果を上げるのが管理職の仕事なのに、結果として組織のパフォーマンスの総量は低下し、成果も上げにくくなる。当然、部下の成長も期待できないし、上司としてのあなたの信頼も下がっていくでしょう。

一方で、「デキの悪い人はほったらかしにされている」と言いました。逆にいうと彼は「少し手をかけただけで伸びる」可能性が高い。私の経験では、デキない人ほど、目標管理や仕事のアドバイスを少し加えるだけで、2～3割はパフォーマンスが伸びます。

一方、デキる人は手をかけたってせいぜい5％しか伸びないともいえる。デキない人に手をかけてやったほうが、組織全体のコストパフォーマンスが良くなるのです。

そのためには、上司が現場仕事をしてはいけません。上司はデキない部下を伸びるように、少しだけ手をかけてやる。先述した彼との信頼関係と、コミュニケーションの時間をとって成長のフォローをするのが、正しい管理職の姿です。

すべてあなたが見る必要はありません。ここでも戦略を練りましょう。

デキるA君のような人物に、デキない人間の面倒を見させるのです。

人を育てる経験は、何より自分自身の成長につながります。

双方の部下にとっての成長機会となるはずです。こうして組織のパフォーマンスが上がると同時に、あなたの手はさらに空くわけです。

では、空いたその手はどう使うのか？

「ヒマである」と周囲に伝えておきましょう。

いつでも話を聞いてやれるよう、部下への〝間口〟を広げておくことです。

いつも忙しそうにしている上司に、部下はなかなか声をかけられなくなります。そのため、悪い情報もいい情報も、プレイングマネージャーの耳に届くのは遅くなる。対策が後手後手に回れば、ビジネスの「好機」を逃す。結果として、「自分がやったほうが…」によって、成果も仕事のスピードも下がっていることがままあるのです。

私は課長になった頃から、部下の顔を見るたびに、

「いやいや、私、ヒマなんだよ」

「何かないかな？　〇〇さん」

などと声をかけていました。

すると、部下は待ってましたと、私に相談ごとを言ってくる。

「実は…」

「前から…」

「いいタイミングでした…」と、いろんな情報を上げてくれる。こうして密な情報交換が生まれ、先手先手を打てました。

「プレイングマネージャーでいることで、現場のことがよくわかる。答えは現場にあるのだ」と言う人もいますが、勘違いしないでください。さらに上の者から見れば、

「彼にやってほしい仕事が10件もあるのに、2つか3つしかしていない。どうも近視眼的だな」

ということになりがちなのです。

最初にもお伝えした通り、上に立つ者に必要なのは「鳥瞰」です。目の前の仕事だけにかかりきりになって満足していてはいけません。

今すぐプレイングマネージャーをやめ「ヒマな自分」をつくりなさい

essence ㉓

苦手な上司や部下がいるのは仕方がない

misunderstanding
㉔

会社の仕事は、人間関係の中で進むものです。どうしても気が合わない。ソリが合わない。仕事をする以上、そうした相手と向き合わなければならないことも多いでしょう。

とくに、部下は上司を選べません。考え方や哲学が、どうしても自分と合わない。そんな上司が上につくと、会社に行くのも憂鬱になりそうです。だから、イヤな上司がいても、気にかけず、粛々と仕事をすすめる、という選択肢もあると思います。

ただ、私が選んできたのは、また別の道でした。

嫌いな上司、苦手な相手とは、時間をかけてでも「仲良くなる」のです。

長いサラリーマン経験で、私も一人だけ苦手な上司がいました。私のやることなすことを、いちいち批判してくる。あきらかに向こうも私のことを嫌っていることがわかりました。不愉快でしたが、あるとき思い立ち、「私を好きにさせる」よう努力することにしました。それは、上司に尊敬の念を抱くことから始まります。苦手な相手とはいえ、人の上に立つ人間には、何かしら優れたところ、ストロングポイントがあるものです。何かと批判するのは「慎重かつ真剣に仕事に向かっている」証拠ともいえる。いちいち仕事の欠点を指摘する人は「話すのが得意なコミュニケーション上手」とも考えられる。

そのストロングポイントを見つけ出して、その部分をリスペクトするのです。

大事なのは、本気で「すごいな」「かなわないな」と思うことです。人を騙そうと思ったら、まず自分を騙す必要があります。

上辺《うわべ》で「すごいですね」と言っても、心のない言葉は逆効果です。苦手などと言っていないで、本当に「この人はすごいな」と心底信じ込むようにするのです。なぜなら、そうするしかないからです。組織の一員として仕事をしていく以上、他に方法がありますか？こうでもしないと嫌いなままでいるしかありませんが、成果を上げようとするなら、仕方がないという状況に私たちは置かれているのです。

このときのコツは**「他者への評価は3割インフレ」**で見るのを習慣づけすることでしょう。大げさなほど、下駄を履かせて評価する。人は自分には甘く、他人には厳しいものです。人がミスをすると「やっぱりな。あいつはデキないやつだ」と思うくせに、自分がミスしたときは「たまたま運が悪かった」と言い訳して、擁護するものです。ちなみに**「自**

分を評価するときは3割デフレ」にするくらいがちょうどいいでしょう。

人は自分に甘いのです。その甘さは、自己評価だけではありません。

上司を気に入らないからとバカにしていると、必ず、例外なく相手に伝わります。クールにふるまっているつもりでも、礼儀だけは尽くしているつもりでも、バレています。

バレていない、ごまかせていると思ってしまうのが、私たち人間の甘さなのです。ですから決してバカにしてはいけません。

話を戻します。こうして本心から上司をリスペクトしたら、行動に移します。知行合一です。そのリスペクトしている上司のストロングポイントを「活かす」のです。

例えば、人と話すのが巧みならば「取引先ともめてしまって…。ぜひ部長のお力をお借りしたいのですが」と頼む。そして、交渉に同席してもらう。ストロングポイントを存分に発揮してもらえれば当然、結果が出ます。そして、〝過剰に〟ほめ称えるのです。

「さすがですね…。やはり私は部長の足下にも及びません」

「10年たっても、部長のようには交渉できませんよ」

――やりすぎでは、と思われるかもしれませんが、これくらいがちょうどいい。人間は自分のことになると、過剰さを感じないものです。

自分のミスに甘いのと同じくらい、ほめられることに関しても、人は甘いのです。

私の場合は、それだけでは終わりませんでした。

自分の部下や他部署の人間にも、上司の良い所を吹聴しました。

「部長の交渉術はすばらしいよ」。すると、巡り巡って、その上司の耳にそれが届く。

「部長。佐々木課長が部長のことを絶賛していましたよ」

そうなれば、私と上司の関係性は盤石です。

自分のことをほめ称える相手に冷たくできる人間は極めて少ないのです。人は、愛してくれる人間を愛するのです。

私の場合、その苦手だった上司が異動になったときに、それを実感しました。異動した3カ月後に、その上司から指名をうけて、また同じ部署で働くことになったのです。互いに忌み嫌っていた相手だったのに、私は彼のお気に入りの部下になっていた。その後は、何かと私をサポートしてくれる、すばらしく仕事のしやすい上司に変わっていました。

毛利元就《もとなり》という戦国武将がいました。息子たちに説いた「三本の矢」が有名ですが、彼は「生涯不敗」の名将でもありました。家康や信長もなしえなかった「負けなし」を支えたのは、彼が「戦略家」だったからです。近隣の小早川家、吉川家には、子どもたちを養子として出して仲間とした。台頭著しかった陶隆房《すえたかふさ》には謀略により内部分裂を仕掛け、兵力を失わせました。戦わなければ負けません。元就は先回りして火種を消し、ムダな争いをとことん避けた。それでも避けられぬ衝突は生まれます。しかし兵を使わず温存していた元就は、ひとたび戦いとなっても相手に勝る力が常にあった。

上司にかぎらず部下でも取引先でも、「苦手」な相手とこそ友好関係を結びましょう。

感受性は、鋭いほどいいとは限りません。こういうときはあえて感受性をぐっと下げ、「鈍感力」を発揮するのです。

その気になればコントロールできます。仕事で成果を出すには、その上司とうまくやる以外に選択肢はないのだから、仕方がありません。気に食わないところは目をつむる。いきなり好きにならなくても、「悪いところより良いところを見つける」からでも相手の反応は大きく変わってくるはずです。

上司に限らず、慣れてくれば10人のうち8～9人を好きになれるようになります。敵ではなく、味方をつくる。それが仕事で常勝できる最大の戦術なのです。

〝苦手〟と思う感受性をあえて鈍くし
味方にする行動を！

essence ㉔

部下は、叱るより明るくほめて伸ばす

叱るよりもほめなさい。暗い顔をするのではなく、明るくふるまいなさい。マネジメントの教科書では、よくこうしたことが書かれています。

私も、部下に対しては、ほめて伸ばすことを基本にしてきました。いや、先述通り、上司ですら、ほめて仲良くなってきました。また、自分がそうありたいから、会社ではできるだけ明るく、ほがらかに過ごすようにしてきました。

しかし、**叱ることも、暗いことも、私は悪いことではないと考えています。**

野村克也監督をご存知だと思います。知将として知られる野村監督は、野村再生道場の異名を持ち、引退間近といわれていた選手たちを第一線で活躍させるようにした名監督です。結果を出し続けてきた野村さんは、ほめるわけでも、笑顔でいるわけでもない。むしろ、ぶすっとした表情で、ボヤく。しかし、的確に戦況や選手を分析して、戦術を指示する。それこそが、野村監督らしさだったのだと思います。

つまるところ、「叱る、叱らない」、「ほめる、ほめない」については、テクニカルな正解はありません。叱ろうが、ほめようが、相手が自分を本当に信用して、愛しているかどうかが伝わるかがすべてです。信頼関係が先にあるからこそ、上司から部下への言葉は響くのです。


部下に対するときは地でいきましょう。あなたが明るい人か暗い人かは、部下にはとっくにバレています。


もっといえば、明るいけど少しそそっかしいとか、暗いけど誰よりも打たれ強くて頼りになるとか、部下は実に正確に、多面的に上司の性格を見抜いています。その眼力を侮ってはいけません。野村監督が「明るく爽やか」なキャラクターを演じてあなたをほめ始めたら、どう思いますか？　ヘタな演技は無用です。

コミュニケーションのスキルは大切ですが、その奥底にもっとも大事な「志」を置いておくことが大事です。

その人のために努力してやろうと考える。組織をよくしたいと強く思う。こうした志は、必ず人に伝わります。

「今の若い人は叱ったらすぐやめるのではないか」

「ほめすぎると調子づくのではないか」

そんな瑣末《さまつ》なことに気を使っている場合ではないのです。愛情をうちに秘めた叱り方は、決して誰の心も折りません。本心からのほめ言葉を、抑制することはないのです。

部下は、上司の性格が明るいから指示に従う、暗いから反発するのではありません。志があるかどうかが決め手なのです。

むしろ、叱るもほめるも、気をつけたいのは、「相手の話をよく聞く」ことのほうが肝要でしょう。部下と対話するときに、上司はどうしても多くを伝えたがる。しかし、上からの意見や考えを押しつけてしまうことになりがちです。上位者の言葉は、強く響いてしまうことを忘れてはなりません。ミスを起こしたとき、何か問題を抱えているとき「それはな…」などと語りたい気持ちを一度抑えて、十分、相手の意見を聞いてから、はじめて口を開きましょう。

私は「話す2割、聞く8割」を意識して、部下との対話をしてきました。

「叱るよりほめる」などと考えるより、「話すより聞く」ことを実践してください。

形より志。
叱るもほめるも地でやればいい

essence ㉕

6章

こういう仕事では「すぐ動く」が必要になる

misunderstanding
㉖

仕事はすべて、いったん考えてからやる

この章の表題を見て、面食らった方もいるかもしれません。

すぐ動くことをやめなさい。

そう謳《うた》った本で、「すぐ動くことも必要だ」と説く。

その心は、会社の仕事のうち、確かに半分はすぐとりかからないほうがいいものですが、残った半分は、やはり「すぐに手をつけたほうがいい」仕事だからです。


両者の境界線は実に単純明快です。

すぐ動くせいで、むしろムダが発生する仕事はすぐ動かないほうがいい。

すぐ動くことで後がラクになる仕事は、すぐ動いたほうがいいということです。


海外に工場を建てる、という事業を例に考えてみましょう。

私は東レ時代、大規模な海外プラントの設備投資の企画を立案した時期がありました。繊維やプラスチックといった基幹素材をつくるプラントです。

こうしたプラントには大規模な装置が必要で、ひとつ数百億円という多額の資金がかかります。そのため、50年は動かし続けないと減価償却できない、巨大プロジェクトになるわけです。

例えば、中国工場をつくるとき。私たちは計画を練りに練って、あらゆるリスクとメリットを精査したうえで、上海からクルマで南下して3時間ほどの場所にある江蘇省の南通《ナントン》市にプラントを建設しました。実に検討期間だけで3年あまりをかけました。一度建てたら絶対に移せない。そうした不退転の覚悟とプレッシャーがある仕事。まさに「すぐ動くべきではない」仕事だったわけです。

しかし同じ海外での工場設立でも、組立加工工場になると事情は大きく異なります。ケミカルや素材の大型工場に比べると、設備投資費はそれほどかからない。むしろ、最も重要な判断基準は人件費であり、いかに人件費の安い場所に、迅速に工場を建てていくかが重要になります。

その建設に2年や3年もの検討期間を置いていたら、好機を逃す。拙速でフレキシブルな決断が不可欠となる。こちらは「すぐ動くべき仕事」になるわけです。

個人の仕事も同様です。

一人の仕事のなかに、「素材産業」と「組立産業」があることを自覚してください。大きな決断が不可欠な、時間をとってじっくり検討すべき仕事と、すぐに動かなければ、むしろ損が出てしまう仕事がある。来た仕事を何でも「すぐ動く」のが残念な仕事の仕方であるのと同じくらいに、何でもかんでも「考えてじっくり動く」のもまた残念なのです。

事の軽重を測りましょう。

好機を逃さないためには、すぐにやるべき仕事はすぐに手を付け、終わらせる。そして空いた時間とエネルギーを、じっくりと取り組むべき仕事に振り分けることを徹底するのです。

この章では、とくに「瞬時に終わらせるべき仕事」と、その術を紹介していきましょう。

すぐ動くべき仕事もある。見極めが大切

essence ㉖

misunderstanding
㉗

報告書類はモレのないよう、じっくり作成する

報告書や議事録の類いは、しっかりとモレのないように、時間をとって作成する――あなたがもしこうしているなら、それこそすぐにやめたほうがいいでしょう。

報告書や議事録の作成は、「すぐ動く」べき仕事の筆頭です。早く手をつけたほうが正確だからです。

人の記憶というのは、実にあいまいなものです。

たとえば、「今日16時からの会議の議事録は、明日の午後、時間があいたときに書こう」などと考えがちですが、そうなると、記憶はそれだけ薄くなります。精度が落ちるのはもちろん、思い出すのに手間取って、時間までかかってしまうわけです。

だから私は議事録は、必ずその日のうちに書き上げることを自分の中でルール化していました。

会議なら、会議の途中で、議事録を書き始める。

会議というのは、自分に関係のない時間がたいてい3分の1はあります。あるいはあまり意味のない議論が延々と続く時間もある。そんな時間を使って会議中に議事録をまとめていくのです。

出席者が誰で、テーマは何で、提案はどんなものがあり、こうした結論に至った。ごく簡単なものでいいので、会議が終わる頃にはすっかり議事録ができあがっているようにします。

これなら会議終了直後にこれを配り、各自に「今日の会議のポイントはここところここ」「Aさんはさっそくこれを実行してください」「Bさんはこちらをよろしく」と会議直後から、実行に移せるわけです。この手の仕事は頭を使うべき仕事ではなく、手を使うべき仕事です。すぐ動いたほうがいい、というわけです。

また、出張レポートも、出張途中で必ず仕上げていました。

プラスチック事業のグローバル化の仕事をしていたときは、海外出張のレポートを、帰りの飛行機の中で書くことを続けてきました。

あの頃は3年間で世界各国で12件、1000億円におよぶ設備投資計画を立てていました。先述通り、こうした大きなプラント案件というのは、じっくりとタテ・ヨコ・ナナメに計画を練って進める必要がある。それ自体は「すぐ動くべきじゃない仕事」です。

ただし、そのための出張レポートは、会議の議事録同様、すぐ動くべき仕事です。正確に記録が残っていることが大事なので、たとえば北京やニューヨークから日本へ戻る飛行機に乗り込むと、「離陸したあとの1時間半で出張リポートを書き上げる」ことを自分のルールとして実践してきました。時には、設備増設の発案書や企画書などを書き上げることもありました。


出張帰りの新幹線車内や機内では、「アウェイ」でのプレッシャーから解放され、ほっと一息ついて缶ビールでも傾けたいところですが、酔ってしまうと、やはり記憶力、判断力は低下するし、もとより仕事などしたくなくなるのが人情です。「明日、出社してから……」という気持ちもわかりますが、留守の間に普段の仕事が溜まっているはず。

ここでぐっと我慢して、さっさとできる仕事は終わらせたほうが、結果として、全体の仕事の総量はスリム化できるのです。

議事録は会議中に
出張レポートは出張中に書く

essence ㉗

上司への報告は「ていねいさ」を第一に

「あの件、どうなってる?」

「お客様のA社とB社の状況をちょっと教えてくれないか」

上司から突然、飛んでくる質問や指示は、あなたのやるべき仕事を滞らせる最も大きな原因の一つです。おざなりな返答をするわけにもいかず、「すぐ調べます」などと返さざるをえず、仕事を背負い込む可能性が高い。

しかし、私はこうアドバイスをしたいと思います。

上司からの指示や質問には、瞬間的に答えなさい。「即答」こそが、正解だからです。

実のところ、上司が聞いてくる質問や、ふと口頭で伝える指示は単純です。彼らの関心事が決まっているからです。

それは、自分の部や課の売上・利益。それに関わる顧客の状況。自分たちの仕事のマーケットシェア、あるいは競合相手のシェア。あるいは自分たちの事業をとりまく経営環境が、どのように変わっていくか、リスクがあるとすれば何か…といったことぐらいです。

上司が何を聞いてくるかは、予想できるわけです。

ここで活きてくるのが、手帳に書いたメモです。

75ページでお伝えしたとおり、私はことあるごとに、自分の手帳に覚えておきたい言葉や数字を書き込み、またそれを読み返すようにしてきました。それは、本を読んで心に染み入った言葉やフレーズはもちろん、マクロ経済に関わる数字や、自分たちの事業にかかわるマーケットの数値、あるいは取引先の状況なども含んでいました。これらもしっかりと読み返すことで、記憶が定着していたわけです。

だから、上司からの質問は、ほぼ即答できました。

「あの事業の利益は去年はいくら、今年はいくらになりそうです」

「この商品に関しては、一昨年までは平穏でしたが、昨夏、潮目が変わりました」

「A社のシェアはいまこれくらいですが、半期前からD社が急速に伸びています」

といった具合です。

瞬時にこの程度をこたえると、上司は「わかった」と返答して終わる。上司の判断材料としては十分だからです。「ちょっと調べて報告します」などと仕事を背負い込んでいたら、半日から数日はつぶしてしまうことになります。それを回避するための即答なのです。

準備にまさる戦略はありません。

上司が何を聞いてくるか、上司の心配事はなにか、そのためには自分はどんな知識や数字や状況を把握し、記憶し、集積しておく必要があるか――。

先読みして、想定問答集をつくっておくわけです。

株主総会の質疑応答やテレビのインタビューなどで、上場企業の社長が、会社の数字や業界の数字を即答している姿を見たことがあるはずです。

「さすが、頭がいいな」と思われる方もいるかもしれませんが、違います。

社長というものは、株主総会の直前、2〜3週間、株主総会を想定した問答集を経営企画部が作成し、何度も練習をしているのです。東レの場合は、問答集は500問近くありましたが、これをすべて記憶していました。社長も準備をしているのです。

ビジネスは予測のゲーム。そしてゲームに勝つには、準備が不可欠なのです。

上司の質問を予測し
即答できるようにしておく

essence ㉘

misunderstanding ㉙

メールでも、時候の挨拶など気づかいは大事

「おはようございます。寒くなってまいりましたが、いかがおすごしでしょうか？」

こうした心遣いをメールにすっと入れてくる方は、とても細やかな方だと思います。

ただ同時に、私はこう思うのです。

「あまり仕事がデキない人だな」と。

ビジネスメール。とくに社内で流すメールにおいて必要なのは、正確さと簡潔さです。ムダに長いメールは必要ありません。時候の挨拶すら、いらないと思います。

「おはようございます」と書いたところで、読むのは昼すぎかもしれない。

「いかがお過ごしでしょうか？」「お元気ですか？」などというのを手癖のように入れるのも、感心できません。「元気です」と返さざるをえない、負担でしかありません。

意味のない言葉を入れてくるのは、ムダな仕事の進め方をする人間の証拠。加えて、メ

ールの受け手のことを想像できない人だなと感じるわけです。

ビジネスメールには、挨拶などは不要です。

必ず「結論」から書くようにしましょう。

「本日、午後から予定していた中期経営計画に基づく営業戦略のミーティングですが、部長に別件の打ち合わせが入ったため延期です」などという書き方も、まだ長い。

「本日、午後のミーティングは延期です」と簡潔に結論をまず書く。

理由を入れたければ、その後に改行して入れればいいのです。部長の都合など、読むほうにしたらどうでもよく、何より会議がなくなったことが伝わるほうが大事だからです。

複数の連絡事項がある場合は、ダラダラと書くのはやめましょう。

「以下、3点を連絡します」と書いたあとに、箇条書きで記します。

ビジネスメールは正確さと簡潔さ。時候の挨拶や気の利いた気遣いの言葉を入れようと思案する時間はムダそのものです。その分、素早く相手に伝えるべき内容を伝えるのです。

メール・文例

◉悪い例

おはようございます。

法人営業部営業２課の佐々木です。

いつも大変お世話になっております。

冷え込んできましたが、お元気ですか？

さて、本日、午後から予定していた中期経営計画に基づく営業戦略のミーティングですが、部長に別件の打ち合わせが入ったため、中止となりました。

恐縮ですが、12月５日の14時に延期させていただけますでしょうか。

また、その際には、議題に追加させていただく要項がありますので、後日そちらは資料とともにお伝えいたします。

以上、何卒よろしくお願いいたします。

◉良い例

本日、午後のミーティングは延期します。

以下の３点をご確認ください。

①12月５日14時に延期
②新たな議題を追加
（後日内容を資料とともに送付）
③延期理由＝部長に別件の打ち合わせが入ったため

以上、よろしくお願いいたします。

メールは結論から。挨拶は不要

essence ㉙

7章

正しい自己愛が人を成長させる

欲と上昇志向が人を伸ばす

やみくもに仕事に手をつけるのをやめ、戦略的に仕事をしよう――。

煎じ詰めれば、私が本書で述べてきたのは、そういうことです。

そして〝戦いを略す〟ための具体的な策を、お伝えしてきました。

しかし、こうした策や知識をいくら身につけても、あなたの中心に大事なものが抜けていたら、仕事の成果も時間もこれまでとあまり変わらないかもしれません。

それは何か。

すべては「志」だ、ということです。


志とは、あなたがこの世に生を受けて、何を成し遂げたいか、どういう人生を歩みたいか。そんな生き方の指針になるもの。あなた自身の行動原則といえるものです。

実は、この志が高ければ、戦いを略す仕事術や知識は自然とできるようになる。どんな

misunderstanding
㉚

仕事でも、相応の成果が上げられるようになるのです。なぜなら、会社の仕事は人間関係の中で成り立つからです。

大きな仕事であればあるほど、部下や上司、関係部署や取引先など、多くの人に動いてもらう必要がある。しかし、「自分の出世のために」「自分が成果をあげたいために」では、人は決して動いてくれません。

「なぜ、お前の出世や手柄のために俺が頑張らなければならないんだ？」

部下であれ、取引先であれ、そう考えるのが当然だからです。

恐ろしいのは、たとえ内に秘めていても、本心はどうしてもにじみ出てしまうから、出せる成果は知れているということです。

何を隠そう、私自身がそうでした。

東レに入社したときから、私は誰よりも上昇志向が強かったと思います（優秀だったわけではないのに）。

たくさん稼いで贅沢な生活がしたい。人に使われるのではなく、早く人の上に立って大きな仕事がしたい。できるかぎり出世したいと常に思っていました。だから、遮二無二仕事に打ち込んだ。また、こうした「欲」が強いからこそ、ハードワークにも耐え、自分は成果をあげられるのだと考えていたのです。

新人時代からそれなりの評価を得ていたと思います。職級も順調に上がっていました。ただし、年を経てくると「何かが違う」と感じるようになっていました。自分の成長スピードが鈍化している気がしていたのです。

最初はぼんやりしていたその理由が、はっきりと見えたのは、30代前半の頃。東レの関係会社で、経営破綻したある会社の再建支援のために派遣されたときのことでした。私を含め12人。もし倒産すれば東レが数百億円の負債を抱えることになる。是が非でもこれを食い止めるために、最も確実に成果をあげられそうな精鋭メンバーを投入したわけです（何かの間違いでしょう、私も加わりました）。

しかし、結果はなかなか出ませんでした。

確かにひどい経営状態で、現状を把握して、再建計画の立案をして、人材を整理して…と順序立てて手を打ったのですが、一向に改革が進まなかった。

激務の中で、疑問がいつも浮かんでいました。「精鋭」のはずなのに、明らかにその半分ほどが、本社にいるときよりも力を発揮できていなかったのです。

なぜだ？　日々、じっと状況を見る中で、気づいたことがありました。

派遣された社員はよく見ると二つに分かれました。

一つは東レの方を見て仕事する社員。「ここで手柄を立てて本社に凱旋し昇格したい」という言動が目につく人間でした。

もう一つは「この会社を良くするために、社員をどう導けばいいのか」と派遣先に目を向けて、真摯に仕事をする社員たちでした。

そして、成果を出していたのは、明らかに後者の人間でした。

考えてみれば、当たり前です。

派遣先の社員にしてみれば、東レから派遣された社員はリストラを進めるために送り込まれた「刺客」にしか見えませんから、心を閉ざすはず。本書で繰り返してきたように、成果に繋がる大前提である「信頼関係」が築きづらいわけです。そのうえ、「この会社を良くしたい」ではなく「ここで功を立てよう」などという人間を信頼できるはずはないのです。

一方で、「この会社を良くしよう」「周りの人間をなんとかしよう」。そんな我欲ではない、高い志のもとに動く人には、力を貸そうという人間が集まります。信頼の輪が生まれ、広がり、大きな力を自然に生み出す。

私は、40歳を迎える頃に、そんな高い志を持つことこそが、大きな仕事で結果を残す条件であると身にしみて感じました。「自分のため」ではなく「周囲の幸せのため」「会社をよくするため」「社会に貢献するため」に仕事をしよう。そんな志を常に大事にしながら、仕事にあたってきました。


もっとも、20代、30代の前半くらいならば、「金を稼ぎたい」「いいクルマに乗りたい」「地位や名誉を手にしたい」といった欲を原動力にしてもいいと思っています。必ず壁に突き当たる時が来るからです。そのとき本気で反省を繰り返すことでしょう。もがき苦しんだその先に「欲だけで動いても、誰もついてこない」と本心から気づけるのです。最近は「欲がない」という若い人が多いと聞きますが、強い欲求を持たなければ、気づけないのではないでしょうか。

まずは欲から入り、仕事に打ち込んでください。

そして、その欲を磨き上げてください。

欲は磨き上げると、志になるのです。

欲だけでは人はついてこない。
欲を磨くと志になる

essence ㉚

自分を差し置いても他人を大切にする

misunderstanding
㉛

「世のため、人のために」と高い志を掲げて働く。

すると賛同者が集まりやすくなり、自ずと成果もあがる――。

先にこう言いましたが、正直に打ち明けます。

私は、確かにそんな心持ちで、会社の仕事をしてきましたが、根っこにはもう一つモチベーションがありました。

「自己愛」です。


自己愛というと、フェイスブックなどで、1日何枚も自分の写真をアップして喜んでいるような「自分大好きな人」を想像するかもしれません。

しかし、私に言わせれば、あれは間違った自己愛です。他人にとっては不愉快でしかありません。

誤解しないでほしいのですが、なにも道徳的なことやご立派なことを言うつもりはありません。

手柄を横取りする上司や、ミスばかりする部下がいても、感情にまかせて行動するようでは自分が損をする。それは自分を粗末に扱っていることになってしまう。

それよりも、自分を大事にして、志や目的を尊重する「自己愛」を持とう。私が言いたいのは、そういう意味です。

何があってもがまんしようとか、何をされても怒らずにいられる人になろうと言っているのではありません。人間なのだから、イヤなことをされれば腹が立つのは当然です。

しかし、自分の大きな目的や志、何のために生きていきたいかという大方針がはっきりしていれば、人間、少々のことには目をつぶれるものなのです。

いま私は、人が生きる理由は「人として成長するため」と「何かに貢献するため」だと考えています。長年「自己愛」を大事にして仕事をして気づいた真理です。

サラリーマン人生を通して、何百人もの部下と接してきましたが、**部下が、最も喜びを**

感じるのは「自分が成長したと感じたとき」。そして「誰かの役に立ったとき」でした。

同時に、私自身も「部下の成長に貢献できた」と感じたときに喜びを感じました。また「会社のため」「お客様のため」「世の中をよくするため」という意識で働くほうが、部下も取引先もついてくることを何度も実感しました。

「自己愛」をベースにしながら、利己的になることなく、「誰かのため」「世の中のため」という意識で働くほど、自分にとって大いなる喜びと成果が得られた、というわけです。

川崎市に本社のある日本理化学工業という会社をご存知でしょうか？

粉が出にくい「ダストレスチョーク」を製造していることで有名な文具・事務用品メーカーです。しかし、何より驚かされるのは、社員の7割が知的障がい者であること。現在、全社員80名のうち、60名が知的障がい者だそうです。

会長の大山泰弘さんは、当初は、同情心から障がい者を雇用したそうです。近くの養護学校の先生が「働く体験だけさせてください」と熱意を持って言ってくるので、それならばと「2週間だけの職業体験」として受け入れました。

ところが、その子たちがあまりに一所懸命働くので、社員たちから「自分たちも面倒をみるから、この子たちを雇ってあげたらどうですか」と頼まれたのです。その熱意に押されて、障がい者雇用がスタートした、というわけです。

大山さんはその後も「なぜこの子たちはこんなに一所懸命働くのか」という疑問をずっと抱いていたそうです。施設でのんびりと過ごすほうが気が楽なのではないか、と考えていたからです。

しかし、あるお寺に行ったときに、住職にふと疑問を投げかけたとき膝を打ちました。

「人間の究極の幸せは、人に愛されること、人にほめられること、人の役に立つこと、人から必要とされることの四つです。働くことによってこれらは得られる。だから彼らは自らの幸せのために、働きたいと考えているのです」

この言葉を聞いて、大山さんは障がい者雇用を増やし、今に至るというわけです。

私たちは、人にほめられ、役に立ち、必要とされ、愛されるときにこそ、幸せを感じる。

世のため、人のために働くことは、つまり、自分の幸せのためなのです。

だから、あなたと関わる人すべてに対して、愛情を持って接してください。

できるだけたくさんの人を好きになる努力をしましょう。

周囲が幸せになるために、自分は何ができるかを考えて行動するのです。

もちろん、性格的に合わない人もいるでしょう。

なかなか友達にはなりづらい相手もいるはずです。

それでもなお、その人を愛しましょう。

人は悪いところだけではなく、良いところも必ずあります。そこを見つけて、そこを伸ばす、あるいはほめ称えるのです。

あなたが人を愛したときに、はじめて相手はあなたを愛してくれます。

それだけ仕事はやりやすくなる。成果がずっとあげやすくなる。

「世のため、人のため」こそが、自分の幸せに繋がるのです。

少々のことには目をつぶれる「強い自己愛」を持つ

essence ㉛

「会社が第一、自分は第二」でちょうどいい

会社のため、仲間のために、一心不乱に働く。

こうした古い滅私奉公は、やはり自己愛に反する生き方です。

確かに周囲は大事だし、会社のために働くことは自己愛にはつながる。

ただし、順番は必ず自分が先です。

「自分が第一、会社が第二」でいきましょう。会社とはあなたの自己実現を果たし、自分を成長させるための「場」でしかありません。従順に従うべき専制君主のような存在ではないのです。私が、長く「ワーク・ライフ・マネジメント」を提唱してきたのも、こうした背景があるからです。


より大きく「自分が第一」へと舵を切ったきっかけが、長男の障がいや妻の病気のために、長時間労働が物理的に難しくなったことなのは、すでにお伝えしました。

ただ考えてみると、私は東レに入社して間もない、20代の頃から、そうした考え方が自分の中に価値観として根付いていました。

今から40年近く前。当時は、長時間労働が当たり前で、ムダに残業を強いる上司が当たり前のようにいました。その存在に強い怒りを感じていました。「自分が課長になったらムダな残業を部下にはさせない」と、手帳にメモしていたほどでした。

私が海外で結婚式をあげて、仲人をつけなかったのもそんな価値観に基づくためです。結婚したのは1971年。まだ海外で挙式する日本人はほとんどいませんでした。そもそもヨーロッパ旅行に行きたかったのが理由ですが、周囲からは「海外で挙式なんて、部長の立場がないじゃないか」と言われました。「佐々木というのはおかしなやつだ」とまで言われていたようです。

実は当時、大卒社員は部長が、高卒は課長が仲人をする、というのが東レの暗黙のルールでした。結婚式は、部下と上司の関係性を深め、ある種の主従関係を強固にする場でもあったのです。しかし、私はお断りした。**「東レはそうかもしれないけれど、私の人生ですから」**と意に介しませんでした。「自分が第一」だったのです。

結果として、「佐々木は変わり者だ」と、社内では有名になりました。

しかし、だからこそ会社員としての責務をしっかり果たしてきました。そして、課長になると、部下たちに残業をさせないための改善を実際にしてきた。「戦略的計画立案」や「プアなイノベーションより優れたイミテーション」などの効率化を実践し、部下たちに伝え、彼らの協力によって実現してきたわけです。

主体的である——。

すでに申したとおり、スティーブン・R・コヴィー博士が『7つの習慣』の中で、良きリーダー、良きプレイヤーの条件として、真っ先に伝えている第1の習慣です。

自分に与えられた環境や制約条件に対して文句を言っているだけでは、良い仕事はできません。与えられた持ち場や条件に「なぜ私がこんな試練に？」と思えることがあっても、それを運命だとして受け入れ、迎え撃つ覚悟で精一杯やり切る。同時に、人生のハンドルを決して会社や上司には渡さず、常に「自分第一」を貫くのです。

これを続けていくと、職場も人生も、少しずつですが確実に変わります。それによって、気がついたときには運命も大きく変わり始めるのです。

自分が第一、会社は第二

essence ㉜

misunderstanding
㉝

年をとってから自分を磨いても、もう遅い

「佐々木さんが言うことは腑に落ちる」

「会社員をしている自分には、耳が痛くなるような話ばかりだった」

「わかるけど、この歳になると、仕事のやり方を変えるのはもう難しいんだよ…」

講演などで話をすると、そんな声が聞こえてきます。

しかし、私はこう考えているのです。

「もう」「どうせ」――いくつになっても、そんな言葉を使う必要などありません。

人間は、自分次第で死ぬまで成長し続けることができるからです。

葛飾北斎をご存知ですよね。

日本のみならず、世界に名を知られる浮世絵師です。

彼の最高傑作は、晩年訪ねた、長野県の小布施《おぶせ》に残されています。天井絵である「龍」

図や「八方睨み鳳凰」図などがそれです。私も何度か見ていますが、流れ狂うような流麗な線と、狂気さえ宿した色彩は、エネルギーにあふれた傑作中の傑作です。

何より驚くのは、これらがすべて北斎が80歳を過ぎてから描いた絵だということ。実は北斎の傑作というのは、70歳を過ぎた頃に集中しています。その原動力となったのは、「まだまだ成長したい」と強く願い続けてきたことです。

それは北斎の最期の言葉が証明しています。亡くなる直前、北斎は弟子のひとりにこんなことを言ったそうです。

「天我をして五年の命を保たしめば、真正の画工となるを得べし」

「神よ、私にあと5年の命を与えたまえ。そうなれば、まさしく本物の絵かきとなってみせる」ということ。最期の最期、息絶えるまで、自らの成長を願ったわけです。心動かされると同時に、背筋が伸びるような気迫を感じます。

目標を持ち行動を続ける限り、誰でも「最後の仕事が最高傑作」にできるのです。

私は60歳を過ぎてから、生まれて初めて本を書きました。それが『ビッグツリー』という最初の著作です。「これで終わりだ」と思っていたら、3年後、またお話をいただき、今度は仕事術の本を書いてくれと言われて、「これで最後だ」と思い、また1冊書きました。その後、「また1冊」「もう1冊」…とありがたいことにお話をいただき続けて、この本が20冊目となりました。著作の部数は今では150万部を超えています。

はじまりは遅くても、運命は少しずつ変えることができる。

新たな自分を手にできるのです。

「まだまだ伸びる」

「成長できる」

そう思い、願い、前に進む限り、人は伸びるのだと思います。

「どうせ私なんて」「もう自分は…」などと思った瞬間に、それ以上には決してなりません。

いつでも、主体的に働きましょう。

いつまでも、主体的に生きましょう。

あなたは、いつでも変わることができるのです。

人は死ぬまで成長できる

essence ㉝

おわりに

今でこそ、働き方改革とかワーク・ライフ・バランスといったことが世の中で普通に言われ、長時間労働の見直しが広まりつつありますが、ついこの間までは日本人は働き蜂でした。

戦後しばらく男性は仕事、女性は家庭という役割分担があり、男性は夜遅くまで働いていました。

その後、女性の社会進出によって一部見直しは起こっていますが、いまでも依然として多くの職場で古い働き方が残っています。

先日、教職員の雑誌の編集者から「教職員の効率的働き方」というテーマで、数カ月寄稿して欲しいと依頼され了解しました。そのあとその組織の役員会で「教育に携わる者に効率的働き方とは何ごとだ」という意見が出て却下され、寄稿はお断りするという連絡があって驚いたことがあります。

私は、価値の低い業務を効率的に終えて、子どもに向き合うという教員本来の仕事に集中すべきと考えているのですが。

日本人は、会社のビジネスパーソンも官公庁の役人も、学校の先生もみな長時間労働をしており、またそういうことを良しとする風潮から抜け切れていません。

そして日本人はみんな一生懸命働いているというのに、日本経済の低迷は続き、国民の給料は下がり気味で閉塞感が漂う状況にあります。


先日、日本と欧州の合弁会社の社員と話していたら、欧州の方が「日本人のＩＱは低い」と言いました。驚いて、どうしてそう思うのかと聞いたら「我々は毎日定時に帰って家族と夕食をとっているが、日本人は毎日夜遅くまで残業して家族と食事もしていない。それなのに成果は我々と変わらないからだ」と言います。

もちろん日本人のＩＱが低いわけではありません。働き方や仕事の仕方が間違っているだけです。


なぜ、こんな愚かなことがいまだに日本中で続いているのでしょうか。

それは、考えないからです。その仕事の重要度も緊急度も真の目的も考えずに、すぐに走り出す。仕事が発生したら、すぐやることがいいことだと思っているからです。

もちろん、やることが自明で手順も分かりきった仕事であれば、すぐに始めたらいい。

しかし、戦略的で重要な仕事であるならば、いきなり走り出してはいけません。

どういう手法でどんな順序でやるか、どれくらいの日数でいつまでにやるか、どんなメンバーで誰をリーダーにするかなどをよく考えてスタートすれば、いきなり走り出す場合に比べて半分の時間ですむかもしれません。


私の友人で、ビジネスに成功した女性がいます。

彼女はスマホを持っていません。今どきビジネスをする人で、そんな人は珍しい。

彼女の場合は、正しくは持っているが周囲には持っていないことにして、簡単に連絡が来ないようにしているようです。

世の中のムダな情報を入れずに自分で考える時間を確保したいのだと言います。

電車の車両に10人いれば9人はスマホを操作しています。

「毎日あんなムダなことをしていたら自分の仕事で成果を上げられないですよ」と彼女は笑っていました。

仕事も情報も賢い選択が必要なのです。

仕事が発生したら、それをやらないですませる方法はないか、自分でやるにしてもそのことで一番詳しい人は誰かを考え、その人に聞きに行く。そのことについての詳しい資料はどこにあるか、そのありかを知っておく。どこにアクセスしたら情報が得られるか、そのやり方を知っておくといったことが大事です。


この本は、私の経験から、すぐに走り出すことがいかに危ういかということを伝えたくて書いたものです。

しかし、この本はたくさんは売れないことを断言します。

なぜなら日本人の多くは「すぐやることは正しい」と、まるで宗教のように信じているからです。

「すぐに動いてはいけない」ことを身に染みて感じているごく少数の人にだけ読んでもらえる本ではないかと思っています。

佐々木常夫

本書は書き下ろしです

著者紹介

佐々木常夫（ささき　つねお）

1944年秋田市生まれ。69年東京大学経済学部卒業、東レ入社。自閉症の長男に続き、年子の次男、年子の長女が誕生。初めて課長に就任した84年に、妻が肝臓病に罹患。その後、うつ病も併発し、計43回に及ぶ入退院を繰り返した。すべての育児・家事・看病を自らこなすために、毎日6時の退社を迫られる。家庭と仕事の両立を図るために、「最短距離」で「最大の成果」を生み出す仕事術を極めるとともに、部下をまとめ上げるマネジメント力を磨き上げた。

プラザ合意後の円高による業績悪化を急回復させる「再構築プラン」のほか、釣具業界の流通構造改革、3年間で世界各国に12件、計約1000億円の設備投資を実行するグローバルオペレーションなど、数々の大事業を成功に導く。

2001年、同期トップ（事務系）で取締役に就任。2003年より東レ経営研究所社長、2010年に同研究所特別顧問となる。この間、妻の3度に及ぶ自殺未遂など幾多の苦難を乗り越えてきた。

社長に就任した頃から妻のうつ病は回復に向かい、現在は快癒。強い絆に結ばれた家族と幸せな生活を送っている。佐々木常夫マネージメント・リサーチ代表。経団連理事、政府の審議会委員、東京都男女平等参画審議会会長などの公職も歴任。「ワーク・ライフ・バランス」のシンボル的存在である。

著書に『新版 ビッグツリー』『そうか、君は課長になったのか』（WAVE出版）、『ビジネスマンの私から13歳の君に贈る人生の言葉』（海竜社）などがある。

●オフィシャルWEBサイト http://sasakitsuneo.jp/

すぐ動《うご》くのはやめなさい

2016年11月5日　第1刷

著　者　佐《さ》々《さ》木《き》常《つね》夫《お》

発行者　小澤源太郎

責任編集　株式会社プライム涌光
電話　編集部　03(3203)2850

発行所　株式会社青春出版社
東京都新宿区若松町12番1号〒162-0056
振替番号　00190-7-98602
電話　営業部　03(3207)1916

印刷・大日本印刷　製本・ナショナル製本

万一、落丁、乱丁がありました節は、お取りかえします

ISBN978-4-413-11197-3 C0036

お願い
ページわりの関係からここでは一部の既刊本しか掲載してありません。折り込みの出版案内もご参考にご覧ください。

話題の新刊

東大のクールな地理

河合塾「東大地理」講師 伊藤彰芳

No.1講師が東大の「地理」入試問題から、
激変する世界と日本の本質を学べる良問を厳選して解説。
ビジネスにすぐ役立つ"知の宝庫"

たとえば

Q スペインには、世界的に知られている自動車ブランドが見られないのに、自動車が輸出第1位となっている。その理由を、スペイン国内外の状況にふれながら、3行以内で述べなさい。(2014年)

ISBN978-4-413-11187-4 本体1330円

※上記は本体価格です。(消費税が別途加算されます)
※書名コード(ISBN)は、書店へのご注文にご利用ください。書店にない場合、電話またはFax(書名・冊数・氏名・住所・電話番号を明記)でもご注文いただけます(代金引換宅急便)。商品到着時に定価+手数料をお支払いください。
〔直販係　電話03-3203-5121　Fax03-3207-0982〕
※青春出版社のホームページでも、オンラインで書籍をお買い求めいただけます。ぜひご利用ください。〔http://www.seishun.co.jp/〕